中国肉鸽产业发展研究

ZHONGGUO ROUGE

◎ 刘雪 陈余 等著

中国农业科学技术出版社

图书在版编目（CIP）数据

中国肉鸽产业发展研究 / 刘雪等著. —北京：中国农业科学技术出版社，2020.12
ISBN 978-7-5116-5071-9

Ⅰ.①中… Ⅱ.①刘… Ⅲ.①肉用型—鸽—产业发展—研究—中国 Ⅳ.①F326.33

中国版本图书馆 CIP 数据核字（2020）第 219960 号

责任编辑　崔改泵
责任校对　马广洋

出 版 者	中国农业科学技术出版社
	北京市中关村南大街12号　　邮编：100081
电　　话	（010）82109194（出版中心）（010）82109702（发行部）
	（010）82109709（读者服务部）
传　　真	（010）82106650
网　　址	http://www.castp.cn
经 销 者	各地新华书店
印 刷 者	北京地大天成文化发展有限公司
开　　本	787mm×1 092mm　1/16
印　　张	8
字　　数	156千字
版　　次	2020年12月第1版　2020年12月第1次印刷
定　　价	98.00元

◢━━ 版权所有·翻印必究 ━━◣

《中国肉鸽产业发展研究》

著者名单

主　著：刘　雪　陈　余

著　者：王　梁　吕学泽　杨卫芳

　　　　贾亚雄　杨曙光

前 言

鸽子是最早被人类驯养的特禽之一，早在5 000年前，埃及和希腊人就已经把野鸽驯养成了家鸽，我国汉代就有饲养家鸽的历史记载。鸽子的规模化养殖始于近代，19世纪后期美国培育成世界上第一个肉鸽品种——美国王鸽，开启了现代肉鸽生产的序幕。随着现代化育种、饲料、工业设备、自动化等技术的不断进步，世界肉鸽产业形成专业化的生产模式，并在欧洲、北美、亚洲等地区蓬勃发展。

改革开放以后，为了供应我国香港和澳门市场，我国南方和东南沿海地区引进并饲养肉鸽，肉鸽产业雏形初现。经过40多年的发展，形成了以广东为代表的华南、以上海为代表的华东、以北京为代表的华北、以新疆为代表的西北等生产消费大区，并逐步发展成为我国家禽养殖继鸡、鸭、鹅外最重要的新兴养殖产业。至2019年，我国种鸽存栏达到4 523.63万对，肉鸽出栏7.14亿只，鸽肉产量27.2万t，占全国禽肉产量的1.32%。肉鸽产业的发展丰富了畜牧产品品类，满足了人们对畜禽产品的多样化需求。

2020年5月，经国务院批准，农业农村部发布了《国家畜禽遗传资源目录》，其中特别明确了"鸽"是33种家养畜禽种类之一，这为肉鸽种业和肉鸽养殖业高质量发展提供了重大机遇。尤其与其他家禽相比，肉鸽具有适应性强、免疫力高、生殖周期短、生产寿命长、废弃物少等特点，肉鸽产业在环保、安全和健康方面优势明显，使得肉鸽在环境保护、粮食安全保障、提高农民收入和就业机会等方面具有独特的品种优势和重要作用，是实施供给侧改革最理想的家禽品种。

同时，随着我国城乡消费者收入和健康意识的不断提高，崇尚健康、注重营养和保健已经成为我国居民食品消费的主旋律。乳鸽肉质细嫩、味道鲜美，易消化，具有独特的营养和保健功效，是公认的优质特色禽产品，广受消费者喜爱。我国自古就有"一鸽胜九鸡"的说法，如今肉鸽更是作为节庆宴会的重要食材。显然，在顺应消费升级趋势，提升传统消费，培育新型消费的大背景下，大力推进肉鸽产业高质量发展，为广大消费者提供安全、健康的高品质鸽产品，不断满足人民群众对美好生活的向往，具有重要意义。

本书首次系统、全面综述了国内外相关文献，并综合应用联合国粮食及农业组织、中国畜牧业协会鸽业分会数据资料及产业和市场相关专题调研数据，在系统梳理世界肉鸽产业发展概况的基础上、深入分析了中国肉鸽产业的发展与现状、生产与供应、消费与需求、贸易与流通、科技发展现状与趋势。希望本书可以为行业管理人员和从业人员了解国内外肉鸽产业全貌，为未来肉鸽产业发展、技术需求和发展方向提供分析和决策参考。

限于水平，书中不足和不当之处在所难免，恳请专家、学者和从业人员提出宝贵意见。

编　者

2020年12月22日

目 录

第一章　全球肉鸽产业的发展与现状 … 1
第一节　全球肉鸽产业的兴起 … 1
第二节　全球肉鸽产业的发展与特征 … 2
一、总体来看，全球肉鸽养殖呈增加趋势 … 2
二、鸽是家禽家族的小众产品 … 3
三、肉鸽养殖的地区和国家非常集中 … 4
第三节　国外主要国家肉鸽养殖情况 … 5
一、埃及肉鸽产业基本情况 … 5
二、美国肉鸽产业基本情况 … 7
三、法国肉鸽产业概况 … 10
四、澳大利亚肉鸽产业概况 … 11

第二章　我国肉鸽产业的发展与现状 … 12
第一节　我国肉鸽产业的发展 … 12
第二节　肉鸽产业现状 … 13
一、概况 … 13
二、种鸽情况 … 14
三、商品代鸽存栏情况 … 16
四、乳鸽出栏量持续增加，但增速减缓 … 16
第三节　肉鸽养殖模式多样化 … 17
一、肉鸽养殖的"2+3"模式 … 17
二、肉鸽"2+4"饲养模式 … 18

三、肉鸽标准化养殖模式 ………………………………………………… 18
第四节　肉鸽养殖的空间布局特征 ………………………………………… 19
一、肉鸽养殖区域广泛 …………………………………………………… 19
二、肉鸽养殖呈现明显的区域集中特征 ………………………………… 19

第三章　我国肉鸽的消费与需求 ……………………………………………… 22
第一节　肉鸽富含人体必需的营养物质 …………………………………… 22
一、鸽肉富含蛋白质 ……………………………………………………… 22
二、鸽肉微量元素含量丰富 ……………………………………………… 23
三、鸽肉富含各种氨基酸 ………………………………………………… 24
四、鸽肉维生素含量丰富 ………………………………………………… 25
五、肉鸽药用和食疗效果好 ……………………………………………… 26
第二节　肉鸽的饮食文化 …………………………………………………… 26
一、我国肉鸽饮食文化的地域特点 ……………………………………… 27
二、肉鸽产品及加工工艺多样化 ………………………………………… 28
三、肉鸽加工展望 ………………………………………………………… 31
第三节　鸽产品消费情况与特征 …………………………………………… 32
一、国内肉鸽消费量持续增加 …………………………………………… 32
二、鸽产品市场需求特征与趋势 ………………………………………… 33

第四章　我国肉鸽价格波动与特征 …………………………………………… 35
第一节　肉鸽供应渠道多样化 ……………………………………………… 35
第二节　乳鸽出场价格波动特征分析 ……………………………………… 36
一、数据来源 ……………………………………………………………… 36
二、研究方法 ……………………………………………………………… 37
三、结果分析 ……………………………………………………………… 38
第三节　零售终端肉鸽价格分析 …………………………………………… 40
一、数据来源 ……………………………………………………………… 40
二、不同零售终端肉鸽价格对比分析 …………………………………… 41
第四节　基于电商平台的肉鸽流通 ………………………………………… 42
一、调查方法与样本情况 ………………………………………………… 42
二、调查结果与讨论 ……………………………………………………… 42

第五章　肉鸽产品国际贸易与比较优势分析 · 48

第一节　世界肉鸽贸易格局 · 48
- 一、肉种鸽的贸易 · 48
- 二、鸽肉贸易情况 · 51

第二节　我国肉鸽产品贸易情况 · 54
- 一、我国参与国际贸易的肉鸽商品结构和作用 · 54
- 二、我国肉鸽产品出口数量和金额 · 56
- 三、出口市场结构 · 57
- 四、我国活乳鸽的出口价格 · 59

第三节　鸽肉出口比较优势分析 · 61
- 一、比较优势测算方法 · 61
- 二、测算结果与分析 · 63
- 三、主要结论 · 65

第六章　我国肉鸽产业科技发展与现状 · 66

第一节　种业科技发展 · 66
- 一、肉鸽种业现状与问题 · 66
- 二、肉鸽种业发展趋势 · 71
- 三、天翔1号肉鸽配套系 · 72

第二节　营养和饲料科技需求与发展 · 73
- 一、肉鸽营养与饲料现状及问题 · 73
- 二、肉鸽营养与饲料发展趋势 · 76

第三节　疫病防控和质量安全现状与发展趋势 · 78
- 一、肉鸽疫病与质量安全现状及问题 · 79
- 二、疫病防控和质量安全技术需求 · 84

第四节　产品品质和加工现状与发展趋势 · 88
- 一、肉鸽产品加工现状与问题 · 88
- 二、产品品质与加工技术需求 · 90

第五节　设施设备和环境控制科技需求与发展 · 93
- 一、肉鸽养殖设施设备现状与问题 · 94
- 二、设施设备与环境控制技术需求 · 96

第七章 基于SWOT模型的肉鸽产业发展战略分析 ………………………… 98

第一节 肉鸽产业发展的SWOT分析 …………………………………… 98
一、肉鸽产业发展中的优势 …………………………………… 98
二、肉鸽产业发展中的劣势 …………………………………… 99
三、肉鸽产业发展中的机会 …………………………………… 102
四、肉鸽产业发展中的威胁 …………………………………… 103

第二节 发展肉鸽产业的策略 …………………………………………… 104
一、抓住机会，发挥优势（SO战略） ………………………… 104
二、抓住机会，改变劣势（WO战略） ………………………… 105
三、发挥优势，规避威胁（ST战略） ………………………… 106
四、克服劣势，规避威胁（WT战略） ………………………… 106

第三节 总　结 …………………………………………………………… 107

第八章 肉鸽产业发展趋势与建议 ……………………………………… 108
一、肉鸽产业发展趋势 ………………………………………… 108
二、发展建议 …………………………………………………… 110

参考文献 …………………………………………………………………… 113

第一章　全球肉鸽产业的发展与现状

生物分类学上，鸽子属鸟纲鸽形目鸠鸽科鸽属。一切家鸽的品种都起源于野生崖鸽，野生崖鸽亦称原鸽，俗称野鸽，分布在滨海地区，栖息于岩石峭壁之间，筑巢繁殖，喜饮海水，喜群居生活。鸽子是最早被人们所驯化的鸟类。鸽一般分为信鸽、观赏鸽和食用鸽（肉鸽），相对于信鸽、观赏鸽而言，以食用为目的的鸽统称为肉鸽。

随着育种、饲料、工业设备、自动化技术的不断进步，世界肉鸽产业也一直并且仍然不断发生日新月异的变化，并在经济发展水平不同的国家和地区之间形成产业的转移和不平衡的态势。

第一节　全球肉鸽产业的兴起

虽然真正意义上的肉鸽饲养仅有百余年历史，但考古记录表明，鸽子养殖和驯化可以追溯到大约5 000年前，是最早被人类驯养的特禽之一，鸽子被驯化后世界各国的养鸽就逐渐盛行起来。5 000多年前，埃及已将野鸽驯养为家鸽（张牧，1985）；希腊和罗马资料文献提到用鸽窝进行选择性鸽子的繁殖和养殖，应该是人类最早进行集约化动物生产的实践（Levi，1969）；在我国，早在商周之时的《周礼、人官、庖人》中记载："掌共（供），八畜、六兽、六禽"，六禽中就有鸽，由此可见，大约在3 000年前，鸽子已被列入周王朝宫廷食谱，成为帝王享用的美味佳肴（周力，2008）；除了竞技和观赏，人类也开始专门作为食物来饲养肉鸽。

作为最早被人类驯养的特禽之一，肉鸽肉瘦，容易消化，富含蛋白质、矿物质和维生素，是公认的美味，精致而优质（Aliza，2005；Jane，2005；Richard，2006；Morgan，2006），全世界大多数民族、不同宗教信仰的人都喜食肉鸽。至今，我国消费者普遍认为鸽肉有药用价值，更是作为节庆宴会的重要食材（Hsiung et al.，2005）；埃及人饲养鸽子做食物（Levi，1972）；肉鸽在古罗马、法国和英国很受欢迎，肉鸽生产也曾是一种谋生手段（Goodwin，1967）。

19世纪中叶美国开启肉鸽产业，之后一直蓬勃发展，尤其是在南部各州（Levi，1969）。1890年，美国宣告世界上第一个肉鸽良种——美国王鸽问世，为世界肉鸽业的发展作出了非凡的贡献（方光新，2003）。20世纪60年代，美国鸽子育种的数量显著增加（Burger，1974），许多相关的研究和动物学展览也主要在美国和加拿大开展（Kendall and Scanlon，1981；Mulder，1978）。

第二节　全球肉鸽产业的发展与特征

除非特别说明，本部分内容有关其他国家的数据都是基于联合国粮食及农业组织（FAO）的数据进行统计分析。由于世界各国普遍缺乏鸽业数据的统计和管理，因此关于国内外鸽业生产分析缺乏数据的一致性和连贯性，以下分析只能大致反映世界鸽业的发展状况。

一、总体来看，全球肉鸽养殖呈增加趋势

联合国粮食及农业组织数据库中的家禽种类包括鸡、鸭、火鸡、鹅及珍珠鸡、肉鸽及其他家禽。由于世界上很多有肉鸽的养殖国家并没有官方的统计，联合国数据库关于肉鸽养殖数量的统计并不完整，许多国家和地区，包括中国、美国鸽子养殖的数量并没有纳入联合国统计数据中，而且，现有的数据也没有区分蛋用和肉用鸽。为了保持数据来源的权威性和全面性，本部分肉鸽养殖情况的分析是基于FAO的数据、中国畜牧业协会鸽业分会的统计数据，虽然仍然不能反映世界鸽子养殖的全貌，但基本能够起到管中窥豹的作用。

根据FAO的数据统计，1961年，全世界肉鸽养殖只有1 406万只，随后几年开始持续增长，1967年增加到1 986万只，增加了41.30%；1968年开始急剧减少，随后10年一直波动，但没有显著的变化。1978年以后又开始了强劲增长，并且在1995年，鸽子存

栏增加到5 790.9万只，达到历史最高水平；但1998年陡然减少到3 251.6万只后，FAO的数据统计显示鸽子的养殖数量一直基本保持不变。

虽然我国的肉鸽产业从20世纪80年代才开始发展，但增长很快。中国畜牧业协会禽业分会2011年开始对肉鸽产业进行较全面的监测。由图1-1可看出，2011年开始，加入了我国肉鸽养殖数据，全球肉鸽的养殖数量达到很高的水平，虽然2015年和2016年鸽子养殖数量略有减少，但随后几年又呈现增长趋势。到2018年，世界鸽子存栏量为11 170.6万只，比2011年的9 754.1万只增加了16.6%，是1961年的7.95倍。

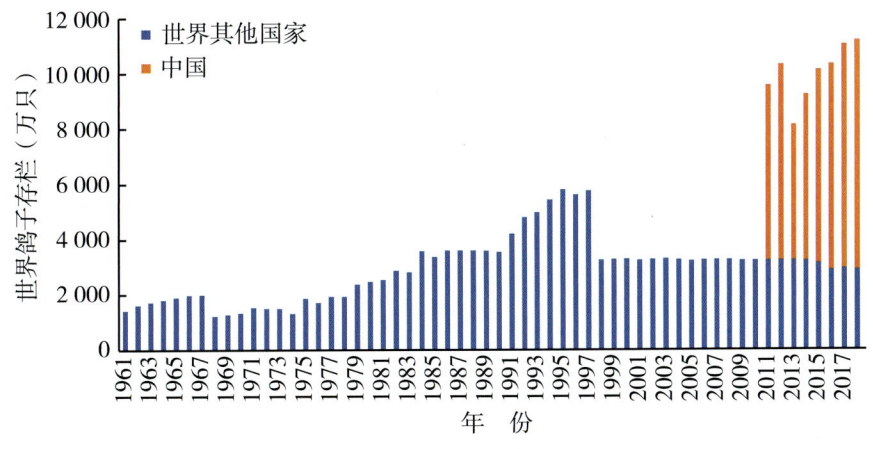

图1-1　世界鸽子养殖数量变化情况

数据来源：中国的数据来自中国畜牧业协会鸽业分会（2011年以前无确切统计数据）、其他国家数据来自FAO数据库

二、鸽是家禽家族的小众产品

相比于鸡、鸭、火鸡、鹅及珍珠鸡，鸽（包括肉鸽、蛋鸽）占家禽养殖总量的比重很小，属于家禽家族的小成员。FAO的统计数据显示，1961年鸽子存栏1 405.5万只，占家禽总存栏43.6亿只的0.32%；到1995年，肉鸽占家禽总养殖量最高比重是0.40%；2018年，在中国的肉鸽养殖数量持续增加后，肉鸽占家禽总养殖量的比重也只有0.43%（图1-2）。

总的来说，近60年来，世界家禽存栏的构成发生了细微变化，其中，鸡所占份额增加，鸭所占份额变化不大，鹅和珍珠鸡所占比重略有增加；因中国肉鸽养殖数量的增加，肉鸽所占比重才稍微有所增加。

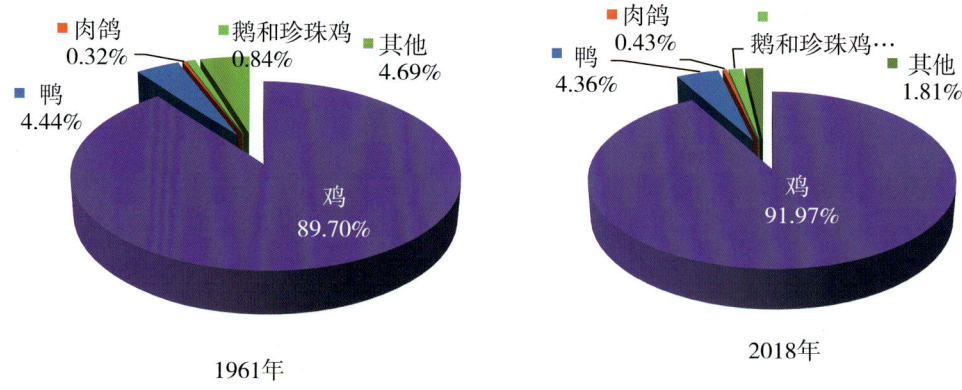

图1-2 全球家禽养殖种类构成

三、肉鸽养殖的地区和国家非常集中

根据FAO的统计，1961年全球肉鸽养殖1 405.5万只，其中，30%在亚洲，41.3%在非洲，其余27.7%在欧洲，之后几十年这一局面都没有改变。直到20世纪80年代，中国肉鸽业快速发展之后，世界肉鸽养殖国际排名才发生改变。根据FAO和中国畜牧业协会鸽业分会的数据，到2018年，算上中国，亚洲肉鸽养殖数量超过世界总数量的87.3%；其次是非洲1 145.7万只，占世界总量10.3%；欧洲的肉鸽养殖量不到全球总量的2.5%（图1-3）。

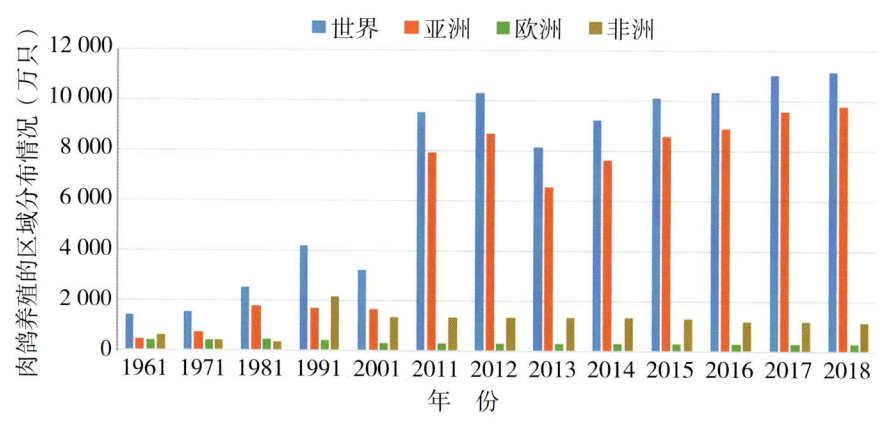

图1-3 肉鸽养殖的区域分布情况

数据来源：我国的鸽子存栏数据来自中国畜牧业协会鸽业分会，其他国家和地区的数据来自FAO

从全球来看，FAO统计的肉鸽养殖的国家和地区有中国、美国、埃及、塞浦路斯、埃及、法国、希腊、约旦、缅甸、纳米比亚、沙特和叙利亚。其中，我国是世界鸽业第一生产大国，2018年我国肉鸽存栏占世界总存栏的80%（其中我国香港占世界存栏量的6%），埃及是我国之外肉鸽养殖最多的国家，占10%左右，法国是欧洲最主要的肉鸽生产国（图1-4）。

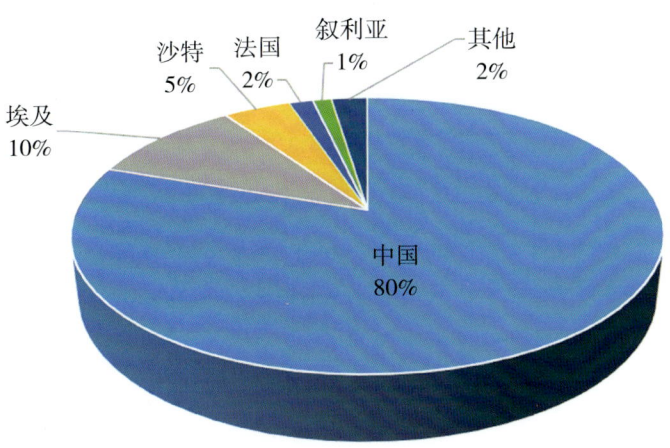

图1-4 肉鸽养殖的主要国家和地区

数据来源：我国的数据来自中国畜牧业协会鸽业分会，其他国家和地区的数据来自FAO

第三节　国外主要国家肉鸽养殖情况

一、埃及肉鸽产业基本情况

（一）肉鸽养殖在埃及具有重要的社会、经济价值

家禽业是埃及的主要农业产业之一，是该国动物蛋白（肉和蛋）的主要来源。在20世纪的最后10年和21世纪初期，当地的禽肉生产就足以满足当地的消费需求。

与其他家禽相比，由于饲料、鸽舍等投资成本较低，对疾病的免疫力较强，还具有相对较长的生产寿命和短生殖周期，因此肉鸽养殖被视为理想的肉类经济动物。肉鸽养殖在埃及粮食安全、增加收入和就业机会等方面发挥着至关重要的作用。小型肉鸽生产虽然不会带来大量收入，但它代表了大多数贫困女性的已知技能，可以帮助她们积极生活，增强了她们的自信心并引导她们从事其他活动，特别是在落后的农村地区，肉鸽养殖对当地居民的生产、生活起着不可替代的重要作用。

（二）肉鸽养殖情况

肉鸽养殖在埃及家禽产业中占有重要地位。在埃及，家禽养殖的主要品种包括鸡、鸭、鹅、鸽子和火鸡。1961年鸽子养殖占家禽总养殖的18%，到1998年降低到11%，但在2009年以前，都保持在10%以上；在埃及某些地区已明确禁止销售活禽，这对埃及的家禽业产生了较大的影响。大约2.5%的家禽养殖场已经停产，所以肉鸽养殖的比重不断降低，但到2018年仍然占家禽养殖总量的6%（图1-5）。

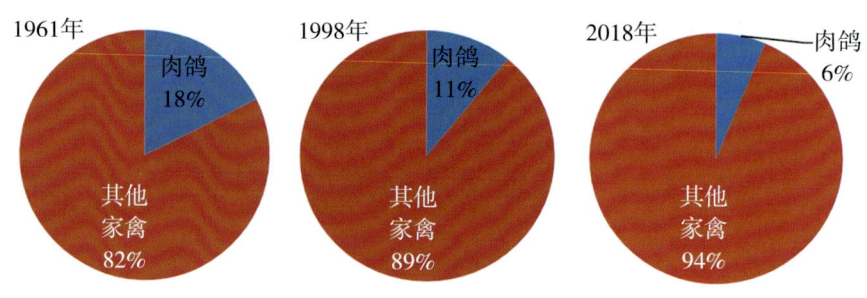

图1-5　埃及的家禽饲养结构

（三）饲养情况

传统鸽舍是使用当地独有的材料建造的，例如泥砖和棕榈木芦苇。鸽舍留有非常小的窗户，没有人造光，仅用作遮蔽。在整个乡村，你可以找到农民饲养鸽子的小土坯塔。在城市，一些人仍然在屋顶上为他们的鸽子保留一个小的区域，白天允许鸟类自由地进出人类住所。

由于耕地和水资源有限，埃及是家禽饲料原料（如黄玉米和大豆）的净进口国。玉米和大豆占家禽饲料的90%，2003年家禽饲料成分占农业进口的主要份额：玉米19%，豆饼7.3%（FAO，2005）。在缺乏有效的饲料质量控制系统的情况下，饲料的储存设施较差，会导致霉菌毒素的产生、饲料变质和维生素的流失。埃及过去进口大量的动物蛋白，如骨粉、鱼粉、羽毛粉、蛋氨酸、赖氨酸等饲料成分。目前，随着人们环保意识的提高和来自消费者的压力，政府已经禁止在家禽饲料中添加动物蛋白成分。

埃及家禽业发展的主要制约因素之一就是饲料资源问题。饲料添加剂和生长促进剂、维生素、抗生素、抗球虫药和抗霉菌毒素添加剂大部分也是进口的。除了极少数例外，所有的生物制剂如疫苗、诊断试剂等都是进口的。

(四)屠宰加工能力限制了肉鸽养殖的发展

由于缺乏基础设施,埃及禽肉生产在很大程度上依赖于活禽市场。超过70%的家禽产品在小型零售家禽店出售。此外,还有部分小型屠宰点出售新鲜屠宰和冷藏的家禽(包括肉鸽),而大多数屠宰点都在住宅区内。小型零售家禽店和原始屠宰场实行的是最低限度的食品安全标准,因此是许多食源性疾病暴发的潜在来源。自动化屠宰场和冷藏设施的缺乏以及生产价格的大幅波动被认为是埃及肉鸽业发展的主要障碍。

二、美国肉鸽产业基本情况

(一)美国肉鸽养殖的发展和现状

虽然FAO统计数据中没有美国的肉鸽养殖数量,但通过查询文献资料可知美国是肉鸽养殖最早的国家之一。17世纪鸽子传入北美并逐渐成为食材,自20世纪初,美洲鸽已在北美被商业化养殖,鸽子育种的数量显著增加(Burger,1974)。世界上第一个肉鸽良种——美国王鸽的问世成为世界肉鸽业发展的重要里程碑(方光新,2003)。

现在美国主要家禽种类是蛋鸡、肉鸡、火鸡和肉鸭,鸽子所占份额很小,据美国农业普查数据,2007年有5 369家肉鸽养殖场,存栏肉鸽53.1万只,出售乳鸽和种鸽129.4万只;2012年,美国有2 149家肉鸽养殖场,肉鸽存栏41.5万只,出栏乳鸽和种鸽11.2万只;到2017年,美国肉鸽养殖场增加到2 260家,但肉鸽存栏量并没有增加,只有33.6万只,出栏乳鸽和种鸽91.2万只(表1-1)。

表1-1 美国肉鸽养殖数量

年份	肉鸽养殖场数(个)	存栏数(万只)	出栏数(万只)
1986	—	—	150
2007	5 369	53.1	129.4
2012	2 149	41.5	11.2
2017	2 260	33.6	91.2

数据来源:美国农业普查数据

美国商业化鸽子饲养一般采用双巢模式,一对乳鸽在第一巢成长时,母鸽就在第二巢产蛋。双巢是提高产量的一种策略,其中一个巢用于繁殖,另一个巢用于"哺育"（Aggrey and Cheng，1992）。养殖的主要品种有美国王鸽、银王鸽等，但目前纯种王鸽不多，品种明显退化。养殖方式主要采用小群散养，产量不高。

（二）主要产业组织模式是合作社经营模式和企业一体化经营

美国每年肉鸽出栏的40%产自加利福尼亚州（Christine Morrissey，2011）。加利福尼亚州乳鸽生产协会成立于1943年，是世界上最大的农业合作社，现有70多家会员，每个农场平均有1 000对父母鸽的规模。每对每年产出15～17只乳鸽。除了技术支持、质量保证计划和提供生产材料，合作社还为会员提供产品销售和加工服务。提供技术协助，包括一名兽医，并为会员提供至少每两年一次的技术质量保证培训，包括饲喂、处理、管理技术，动物福利要求及疾病预防和控制技术等。加利福尼亚肉鸽合作社有自己的肉鸽屠宰加工厂，配有现代化的屠宰加工设备流水线。除了为会员提供屠宰服务，也为当地其他养殖场提供服务。目前，合作社鸽子售价是每磅3.90美元，其中三成归合作社保留。除了在纽约和旧金山销售，合作社的产品还出口加拿大，并且通过网络销售至各地区，合作社最大的市场是餐馆和旧金山唐人街的肉类市场。

美国Palmetto Pigeon Plant成立于1923年，是美国最大的乳鸽生产企业，采用一体化经营模式。产品主要供给美国东海岸、高校和研究机构的研究、育种，自1923年以来，已为世界各地的研究中心提供了超过15万只鸽子，目前拥有先进的加工设施和60名员工，该工厂的2万对父母鸽每周平均生产7 000只乳鸽。

（三）严格的产品标准和质量管理制度

1. 乳鸽产品质量标准

和其他禽产品一样，美国的乳鸽产品也是按照2018年8月6号生效的《美国家禽产品等级，标准和分级》进行质量的分级，该标准，即AMS 70.200 et seq.是由美国农业部农业市场服务部负责的。分级计划、法规、等级、标准为产品质量和价格关系提供了基础，使营销更加有序。消费者可以根据官方标识购买有质量保证的质量分级产品。

2. 质量安全检查制度

2001年5月7日，美国食品安全和检验局（FSIS）发布了66 FR 22899，修订了《家禽产品检验条例》（381部分）和《自愿家禽检验条例》（第362部分），将乳鸽纳入了强制性家禽产品检验之列。所有乳鸽屠宰或加工都要按照2002年4月22日开始执行的《家禽产品检验法》（21 U.S.C. 451，et seq.）（PPIA）的要求，接受联邦政府的质量安全检查。

案例研究：加利福尼亚州的乳鸽生产协会（Squab Producers，SPC）

加利福尼亚州的乳鸽生产协会声称是世界上最大的农业合作社。它成立于1943年，是一个小型的独立农民协会，独立生产乳鸽，然后由合作社集体加工和销售。

生产者只使用天然饲料，不使用抗生素，也不使用杀虫剂，重点放在创造无应激生长环境，这些生长条件是促销和销售乳鸽产品的有利因素。

在现代化的卫生设施中进行，高质量的加工和包装，保证了产品的一致性和质量的可靠性，以及最大限度地延长乳鸽的货架期。

SPC的竞争力主要体现在3个方面：

（1）产品质量保证。质量管理从农场开始，一直延续到最后阶段的处理和运输。按照这样的理念，合作社建立了一个由专业经验丰富的成员组成委员会，为会员提供建议，以不断提高质量。会员农产品还坚持严格的抗生素和农药使用政策，作为合作社"动物生产食品安全计划"的一部分，以确保他们的产品都是天然无药物残留。

在加工环节，每只活乳鸽都要进行检查，以确保乳鸽是健康而又发育成熟。对身体发育进行仔细检查，根据严格的尺寸和质量标准对活鸽进行分级。加工人员必须接受加利福尼亚州食品和农业部肉类检验局的培训，才能成为获得许可的禽肉检验员资格。这有助于进一步确保在加工的每个环节人员都经过培训并能杜绝不合格产品的出现。SPC为客户提供高质量产品，这是最重要的竞争力。

（2）品牌建设和产品多样化。除了高标准，SPC还鼓励餐馆依靠"King Cal"（SPC品牌）来确保稳定的供应和公平的价格，满足顾客具有挑剔的品味和良好的价值要求。在保证产品质量的前提下，SPC还提供多样化的产品。主要有：鸽腿，气调包装鸽胸肉，带头、爪和内脏的整只乳鸽及去除内脏、带翅和鸽腿完好去骨4只装乳鸽（图1-6）。

（3）可靠的高品质鸽子供应。几个世纪以来，鸽子一直是亚洲、阿拉伯地区和欧洲的传统食物。这段历史可以追溯到现在的家养鸡和火鸡。SPC将育种传统又向前推进了一步，通过育种和进一步杂交，为今天的食品工业提供了一种宽胸雏鸽。

只喂养整粒玉米、小麦和高粱，以及特殊配方的纯天然蛋白质颗粒，SPC雏鸽在4周内就可以上市。

图1-6　加利福尼亚州乳鸽生产合作社（SPC）的网售产品（数据获取时间：2019年8月12日）

中式乳鸽4只装
含内脏、
头和爪
284~369g/只
86美元

4只装乳鸽
冷冻
气调包装
425~482g/只
86美元

去骨乳鸽4只装
去除内脏、
翅膀和鸡腿完好
284~369g/只
89美元

三、法国肉鸽产业概况

欧洲约饲养种鸽40万对，主要在法国。法国市场每年供应鸽肉4.1t，是欧盟最大的市场，比意大利高出1.5t。

法国西北部地区400多家鸽子养殖场，最大的鸽场存栏6 000对种鸽，最少的4 000多对。Jean-Luc Boyer、Grimaud Frère's育种场有高等级的生物安全选种中心，有5 000对祖代（GP）和600对曾祖代（GGP）。

法国肉鸽养殖采用小群饲养，每群30~50对，每栋鸽舍40~60群鸽。自动供料，每个料槽饲料可食用2~3天。每小群3个料槽，两边为玉米，中间为全价料。采用乳头式自动供水装置。在每小群内放置一个保健砂槽供鸽自由采食。

7个月性成熟后就第一次孵蛋，每对父母鸽一年产蛋20枚，哺育18~20只乳鸽，一般养殖场每对父母鸽一年只生产14~15只乳鸽。18天乳鸽破壳，到第28天就作为父母代（PS）或者商品鸽出栏进入屠宰。为了减少客户的成本，Grimaud Frère's育种场在乳鸽6周龄以14欧元/对出售,而不是7个月时的35欧元/对出售。肉用屠宰乳鸽出栏时600~650g/只,屠宰加工后净重450g/只。

四、澳大利亚肉鸽产业概况

在澳大利亚,肉鸽和野鸡、鹦鹉、珍珠鸡、鹌鹑和鹅都属于特色养殖。一般来说,鸽子养殖场都是小型家族企业,作为补充其他农业企业(如种植)的收入,或兼职工作等其他辅助收入来源。

肉鸽养殖主要是供澳大利亚本土消费。生产性能和孵化率低、产蛋和生长速度不稳定、对营养需求了解不足以及缺乏优质育种计划等制约了澳大利亚肉鸽产业的发展。

鸽场规模一般300~1 200对鸽子。为了最大限度地提高产量和降低疾病风险,鸽子应安置在干燥的鸽舍,有良好的通风和充足的阳光。鸽舍通常由多层组成,每20~40对安置在一个区域,排列有巢箱、料槽和水线以及一个有盖或开放的飞棚。

澳大利亚有几个不同的肉鸽品种,但最受欢迎的是白王鸽和红卡尼考鸽(Red Carneau)。肉鸽饲料通常是从当地供应商购买的谷物。肉鸽通常会吃小麦、玉米、高粱或火麻仁和豌豆的混合物,以及商业矿物混合和壳砂砾。新南威尔士州制定了关于肉鸽饲料的要求。

澳大利亚的每对亲鸽每年产12~14只乳鸽,出栏时间也是4周。通常,稍大规模的养殖场为超市、酒店和食品经营商提供肉鸽产品,而小规模生产场主要向酒店推销肉鸽产品。

第二章　我国肉鸽产业的发展与现状

我国肉鸽产业开始于20世纪70年代后期，并且发展迅速，在特禽养殖中脱颖而出，如今已经成为继鸡、鸭、鹅后我国家禽养殖的新兴产业。

第一节　我国肉鸽产业的发展

我国是养鸽古国，早在商周之时六禽中就有鸽；相传，西汉张骞出使西域各国时，就曾利用鸽作为通讯联络工具；在秦汉时代，宫廷和民间都醉心于各种鸽子的饲养管理。唐朝以后，食用鸽已编进中国食谱之中；到清朝，中国已从外国大批引入优良名鸽品种，清代有张万钟写的《鸽经》问世，对养鸽做了比较系统的阐述，分论鸽、花色、放飞、翻跳、典故和赋诗等六个部分，是我国最早研究鸽子的一部专著。

但肉鸽饲养作为商品生产还是20世纪70年代才发展起来的。1978年以前，我国只有外贸系统办鸽场，所生产乳鸽全部销往中国香港、中国澳门地区，乳鸽在我国内地尚未形成商品市场，只作为珍禽供应；20世纪80年代以后，肉鸽业发展迅猛，成为畜牧业中的热门。随着供港鸽需求不断扩大，深圳光明农场建设了一个存栏10万对种鸽的大型鸽场，成为我国首个规模化肉鸽养殖场。此后，肉鸽业在我国迅速发展。

经过近50年的发展，养鸽业在特禽养殖中脱颖而出，已然成为我国家禽养殖继鸡、鸭、鹅后的新兴产业。我国南方和东南沿海地区率先开始引进、饲养肉鸽，并以广东、广西、江苏、上海为良种肉鸽基地向全国辐射，由东到西，从南到北，交错推进，并在全国迅速发展起来。大型鸽场不断涌现，肉鸽企业由单纯生产型向复合生产经营型转变，肉鸽饲料工业、产品深加工业相继发展。

　　肉鸽生产养殖技术也得到了长足的发展。供水、供料、供保健砂及清理鸽粪的生产流程及技术改造等新技术被广泛应用。在肉鸽养殖中实现生产操作机械化，采用计算机控制的饲料投喂技术和自动供水系统成为趋势；保健砂的配制和投放方式也不断出现创新，供给方法简单方便的同时，既不污染也不浪费；先进饲养笼具的应用，在保证肉鸽生长需要的同时，能尽量减少饲料的浪费和对养殖环境的污染。另外，机械化操作能大大降低饲养员的劳动强度，使每个饲养员的养鸽数量大幅度增加，提高了劳动生产率。

第二节　肉鸽产业现状

一、概况

　　我国的肉鸽产业是新兴产业，经过近50年的发展，已经取得瞩目的成绩。到2019年，我国种鸽存栏达到4 523.63万对，比2018年的4 145.60万对增加9.1%，年产乳鸽6.8亿只。2019年鸽肉产量27.2万t，占比达到全国禽肉市场的1.32%（宫桂芬，2019）（图2-1）。肉鸽产业的发展丰富了畜牧业的内涵，也满足了人们对畜产品的多样化需求。

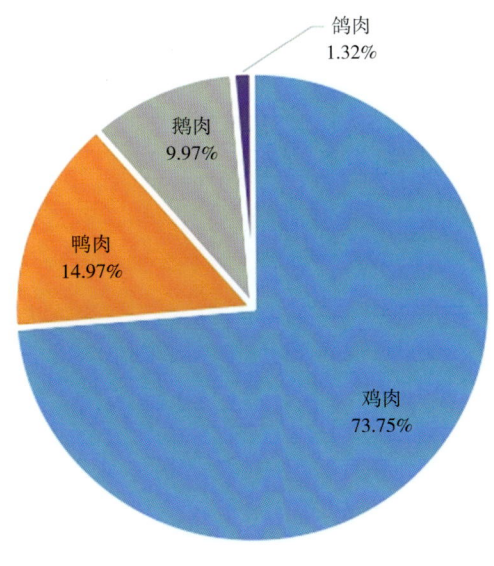

图2-1　2019年禽肉结构

二、种鸽情况

（一）种鸽存栏量持续增长，但增速减缓

1. 祖代种鸽的存栏数量持续增加

根据中国畜牧业协会的数据，2018年年底，我国祖代种鸽存栏共25.57万对，较2015年的14.2万对增长了80.07%。2015—2018年四年间，祖代种鸽存栏量连续保持增长趋势，年平均增长率达到了21.66%。

2. 父母代种鸽存栏量也持续增加

据中国畜牧业协会测算，2013—2018年，我国父母代种鸽存栏量从300万对增长到428万对，增幅达到42.67%。种鸽存栏规模非常充足，能充分满足市场对商品种鸽的需求。

3. 增长速度放缓

根据中国畜牧业协会的数据，从2016年开始，祖代和父母代种鸽的存栏量增长率均有所下降，年均增长率降低到10%以下，2018年的种鸽存栏量增长率进一步下降，祖代和父母代种鸽存栏量增长均未超过5%（图2-2）。

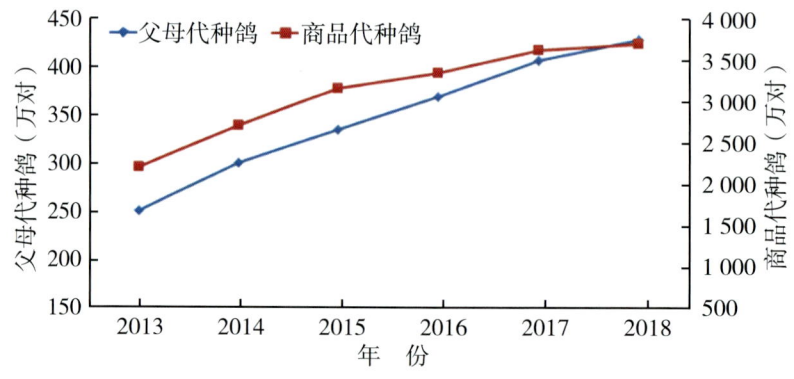

图2-2　2013—2018年种鸽存栏量变化情况

数据来源：中国禽业发展报告，2018

（二）品种比较丰富，但养殖品种相对集中

从品种上看，我国肉鸽的养殖品种比较丰富，有米玛斯鸽、石岐鸽、深王鸽、白王鸽、新白卡鸽、银王鸽、泰深鸽、红卡农鸽、黄卡农鸽等。米玛斯鸽仍然是目前全国存栏最多的祖代肉种鸽，存栏量较2017年提高了1.24%。其次是白王鸽，存栏量为5.90万对，较2017年增加了1.72%。米玛斯鸽、白王鸽和石岐鸽是存栏数量最多的3种

祖代肉鸽，占全部祖代肉鸽存栏量的73.12%（图2-3）。

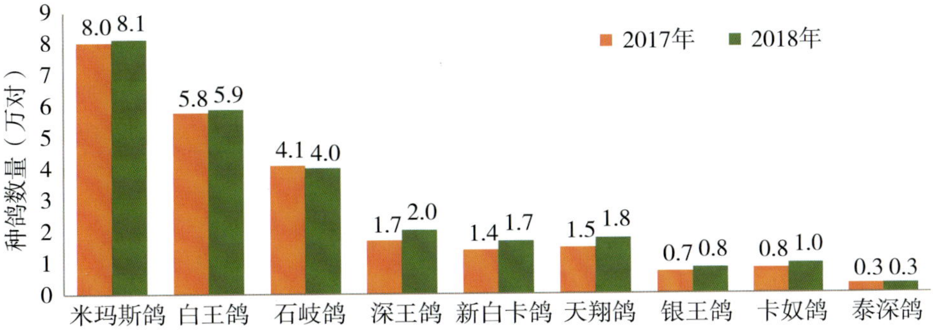

图2-3 2017—2018年各品种祖代种鸽数量

数据来源：中国禽业发展报告，2018

（三）种鸽企业集中度很高

从企业来看，江阴市威特凯鸽业有限公司、深圳市天翔达鸽业有限公司和中山市石岐鸽养殖有限公司是祖代肉种鸽存栏量较多的3个企业，占全国种鸽存栏量一半以上。其中，江阴市威特凯鸽业有限公司有存栏最多的祖代肉种鸽。深圳市天翔达鸽业有限公司饲养的深王鸽、新白卡鸽及天翔鸽的祖代存栏量则均有较大增长，增幅超过19%，以上数据表明市场仍主要青睐繁殖性能较好的肉鸽品种。

根据中国畜牧业协会的数据，2017年年末，我国祖代种鸽存栏共18.25万对，比2016年增加了4.90万对。其中，江阴市威特凯鸽业有限公司祖代种鸽存栏量增幅最大，目前存栏欧洲肉种鸽达7.58万对，是全国存栏祖代种鸽最多的企业；其次是深圳市天翔达鸽业有限公司，存栏祖代种鸽6.55万对，是国内自育肉鸽品种较多的企业（图2-4）。

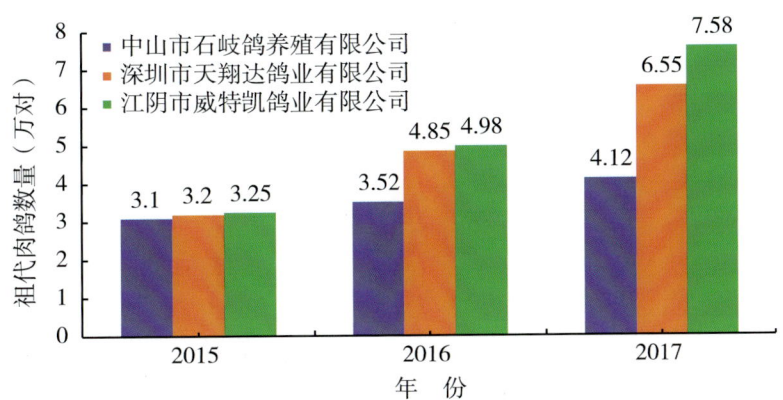

图2-4 2015—2017年祖代肉种鸽存栏状况

数据来源：中国畜牧业协会

三、商品代鸽存栏情况

据中国畜牧业协会的数据，2018年全国商品代产鸽存栏量达到近10年的最高峰，为3 692万对。2018年全国商品代产鸽存栏量比2017年增加了72万对，增幅为1.98%。相较于2013—2017年的增长速度，2018年表现出明显的增长速度放缓趋势（图2-5）。

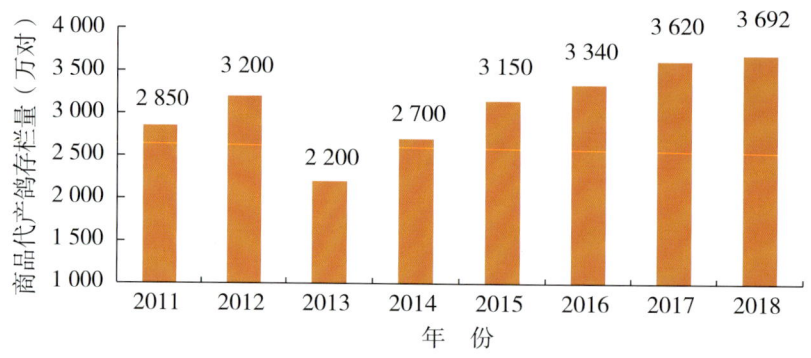

图2-5　2011—2018年全国商品代产鸽存栏量

数据来源：中国禽业发展报告，2018

四、乳鸽出栏量持续增加，但增速减缓

随着种鸽存栏量增加，自2013年起，乳鸽出栏量也在缓慢增加。2016年开始，受种鸽存栏量增长速度放缓的影响，乳鸽出栏量增长速度也出现明显的放缓趋势。2017年乳鸽出栏量相较于2016年增长了2.3%；到2018年全国乳鸽出栏量达到近10年的最高峰为6.43亿只，相较于2013年4.20亿只增长了约45%，年均增长率为8.9%，但比2017年也只增长了2.7%。乳鸽出栏增长率连续两年低于5%，增长速度减缓（图2-6）。

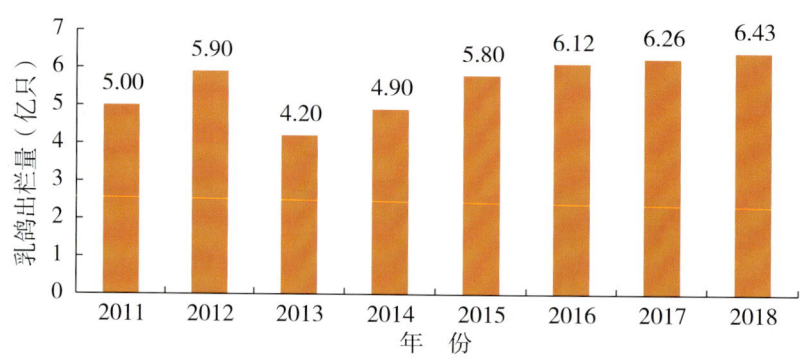

图2-6　2011—2018年全国乳鸽出栏量

数据来源：中国禽业发展报告，2018

随着食鸽文化的推广宣传，肉鸽生鲜网络销售的兴起，民众对于肉鸽的消费将继续扩大。但同时，随着国家环保政策日趋严格，日后不合格的肉鸽养殖场数量将会减少。因此，预计短时间内乳鸽出栏量将继续保持缓慢的增长，不会出现大幅度的上升或下降。

第三节　肉鸽养殖模式多样化

传统的肉鸽养殖模式主要以原粮饲喂种鸽，亲鸽每窝产2枚蛋，种蛋由1对亲鸽孵化、哺育2只乳鸽的饲养方式，称为"2+2"模式。经历了40多年的发展，肉鸽饲养模式得到了很大的改进，生产性能大幅提升，从而提高了养殖者的经济效益，推动了肉鸽养殖业的发展。

比较典型的"2+3"和"2+4"肉鸽生产模式（1对种鸽同时哺育3只或4只乳鸽）与双母鸽拼对饲养生产模式（目前主要用于鸽蛋生产），彻底颠覆了传统肉蛋鸽的生产模式（"2+2"模式）（表2-1）。相关试验结果表明，并窝3只的乳鸽体重增长与非并窝的乳鸽相近，但饲料报酬明显提高，料重比出现显著差异，并窝4只的乳鸽饲料报酬高，但乳鸽增重较慢（胡文娥等，2006）。

表2-1　"2+2"生产模式和"2+3"生产模式产量对比

组别	种鸽年平均存栏（万对）	上市乳鸽（万只/年）	年单产（只/对）
"2+2"生产模式	1.8	21.6	12
"2+3"生产模式	3.1	52.4	16.9

数据来源：金耀忠等，2015

一、肉鸽养殖的"2+3"模式

这种养殖模式最早在江苏等地养殖场进行探索性研究，目前已经成为相对成熟的养殖模式，即1对亲鸽哺育3只乳鸽，目前已经在全国大部分省区市进行示范推广。该模式的优点是能够显著提高亲鸽的繁殖效率，降低劳动成本，还能够有效地避免种鸽在孵化时压破鸽蛋，减少鸽胚的死亡，也可以防止鸽粪的污染，有效地提高孵化率和出雏率。亲鸽哺育3只乳鸽消耗必然比哺育两只乳鸽大，该养殖模式采用人工孵化方式能够减轻亲鸽孵化的负担，可以在较短的时间内培育出大量的优质乳鸽，能够符合市场对乳鸽高品质的要求，提高肉鸽养殖规模化程度。

二、肉鸽"2+4"饲养模式

为了提高养殖的经济效益，人们尝试将刚刚出雏的乳鸽进行并窝处理，即将体重相近的乳鸽合并至一窝，让1对亲鸽哺育4只乳鸽的"2+4"生产模式。该模式需要一系列的技术支持，主要包括亲鸽的筛选技术、管理与孵化技术、营养配方技术、疫病防控技术。只有四项技术配套使用，才能实现"2+4"生产模式的高产稳产。首先要对所有亲鸽进行筛选，建立核心群，只有达到标准的亲鸽才能执行"2+4"模式。要求每窝产蛋2个，受精率、孵化率和乳鸽成活率都在85%以上，残次品率要低于0.5%，年产成品乳鸽14~16只（"2+2"模式）以上，每只乳鸽23~25日龄时体重达550~600g以上。为提高繁殖率，"2+4"模式必须走自然孵化和人工孵化相结合，即将鸽蛋全部收集放孵化机孵化，将蛋收集走后，50%的亲鸽放入2枚假蛋，其他50%的亲鸽继续产蛋，待人工孵出的乳鸽出壳后，放入孵假蛋的亲鸽蛋窝中，把假蛋拿走，每窝放3只，5天后再合并成4只，以提高成活率。养殖过程中要增加喂料次数（每天10次以上），少喂勤添，保证亲鸽的哺喂需要。

三、肉鸽标准化养殖模式

这种模式以江苏省为发源地，并逐渐开始向全国进行示范推广，标准化和集约化养殖是主要特征。建立规模鸽场标准化厂房式鸽舍，鸽舍采用钢架结构宽度达到12m，高度3.6m，长度80m，空间是普通鸽舍的6倍。采用2层标准化大空间肉鸽笼，单个笼位长宽高为50cm×65cm×50cm，可饲养8对。采用天轨式全自动智能化喂料系统，由智能化微型计算机进行全程控制。采用全自动清洁乳头式饮水系统，解决了在饮水过程中滴水的问题，从而使肉鸽可以全天候饮用清洁卫生的饮水，而且节约了工人清洗水杯的工作。采用全自动输送带清粪系统，既减少肉鸽粪便在棚舍内存放的时间，又可以节省大量人工成本。这种模式，需要注意控制养殖数量和养殖规模，从饲养的层面着手，降低养殖密度，改善鸽子的生活环境，打造优质健康鸽产品。

肉鸽产业由分散饲养为主逐步向标准化、规模化、产业化、市场化转变，健康养殖的理念受到推崇，标准化规模养殖逐步成为肉鸽产业发展的主导模式。一批标准化养殖程度较高的、种鸽存栏10万对以上、年产肉鸽达200万只以上的规模化肉鸽养殖企业发展较快，如深圳市天翔达鸽业有限公司、中山市石岐鸽养殖有限公司、广东温氏开平禽业有限公司等都具有较大规模的肉鸽繁育基地，成为我国大型肉鸽养殖企业。

第四节　肉鸽养殖的空间布局特征

一、肉鸽养殖区域广泛

我国鸽业生产分布范围广泛，各地均有肉鸽养殖。早年间，肉鸽产业的分布较为集中，优势产区一般为气候温暖地区。近年来，随着工厂化封闭饲养等新技术、新模式的推广普及，以及产业化、规模化、一体化经营的推进，肉鸽产业布局正由传统的资源型产业向技术、资本型产业转变。另外，肉鸽产业布局出现了西进北移的趋势，如广西、江西、河北、北京、新疆等省区市的肉鸽养殖量有所增加，肉鸽产业区域化布局出现明显调整。

二、肉鸽养殖呈现明显的区域集中特征

规模化肉鸽生产相对集中在经济发达地区（图2-7）。我国肉鸽养殖主要集中在北京、上海、广东这些经济发达区域，2017年父母代种鸽存量达到了全国总存栏的37%；中西部地区的山西、陕西、甘肃、四川等地存栏量均未超过10万对，所占比重不足10%。肉鸽养殖呈现出明显的以北京、上海、广州、新疆为中心"大分散、小集聚"的空间布局。

（一）以北京为中心的环京津冀生产区，辐射山西、河南等省份

2005年到2012年期间，北京市和河北省肉种鸽发展很快，存栏量为200多万对，北京市肉鸽存栏量有20万对，上万对肉鸽场仅有3~4个，1 000~3 000对存栏的肉鸽场较多，分布在房山、大兴、门头沟、通州、延庆、怀柔、密云、顺义等区。

2017年北京市父母代种鸽存栏量17万对，山东、河南分别为20万对和18万对，这3个省份的存栏占全国父母代存栏的15%以上。北京市高校和研究院所众多，鸽业生产以此为依托，形成了养殖专业化和科技含量高的鲜明特色。

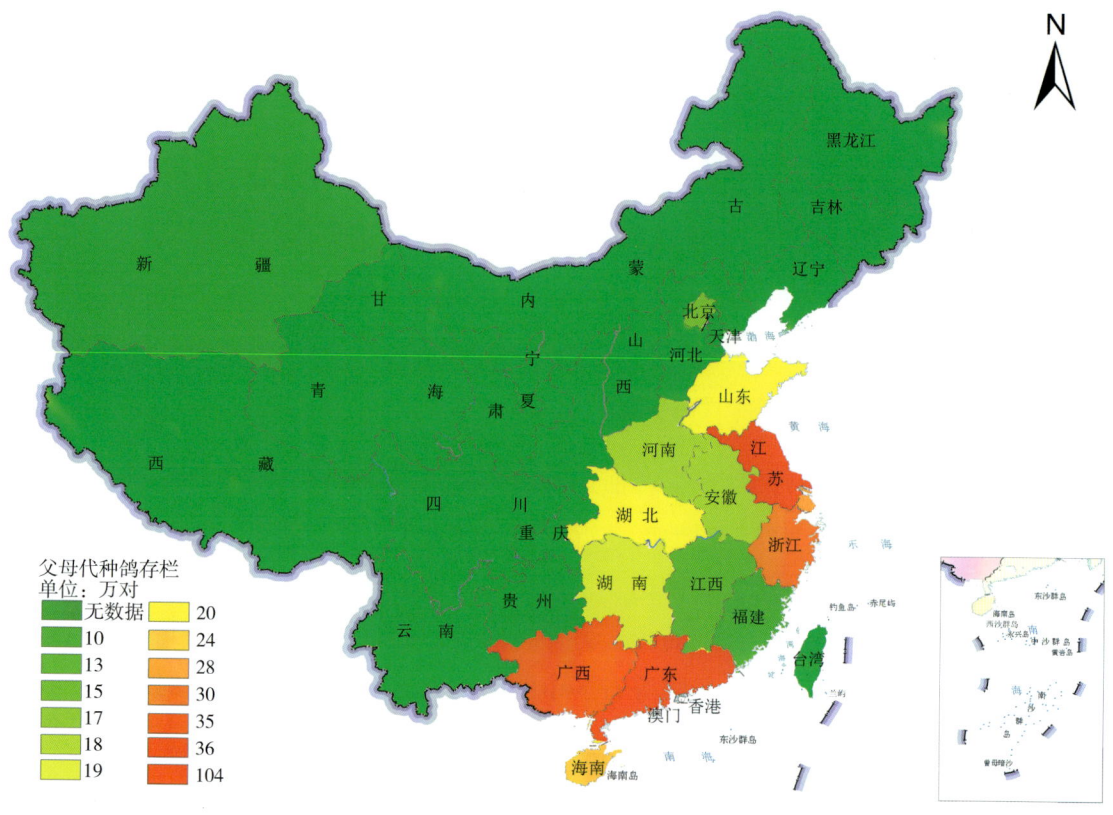

图2-7 我国各地父母代种鸽养殖区域示意图

（二）以上海为中心的长三角生产区，辐射江苏、安徽、浙江等省份

2003年1月13日，上海率先成立肉鸽行业协会，本着"服务企业，服务行业，服务政府"的宗旨，发挥"协调、代表、服务、自律"的职能，推进鸽业规模化、标准化建设和产业化经营，虽然遭遇"非典"与"禽流感"公共安全事件的严重影响，肉鸽行业仍然得到稳定健康发展，并成为都市畜牧业中一个相对独立的产业（上海市鸽业协会，2018）。

如今，上海年销售乳鸽达2 000多万只，其中本地产肉鸽占30%～40%，其他来自长三角地区。上海规模化鸽场已实现良种化，主要品种为王鸽（大皇鸽、深王鸽、银王鸽）、卡奴鸽（红卡奴、白卡奴）、欧洲肉鸽（米玛斯、米尔玛斯、蒂丹）。上海市具资质的种鸽企业11家，其中大中型种鸽企业8家；父母代以上种鸽23.4万对，每年可育成青年种鸽100万只左右；2017年总出栏量968万只，其中规模场出栏量726万只，占75%（上海市鸽业协会，2018）。

目前，在无锡、南京、常州等地有几家较为知名的肉鸽规模化养殖企业，如江阴市威特凯鸽业有限公司、金坛市江南鸽业有限公司以及已上市的南通天之鹿养殖有限公司，而苏北地区肉鸽养殖主要以小型散户为主。

（三）以广州、深圳为中心的珠三角生产区，主要辐射港澳，同时出口量大

20世纪80年代，随着供港鸽需求不断扩大，深圳光明农场建设了一个存栏10万对种鸽的大型鸽场，成为我国首个规模化肉鸽养殖场。

2000年，广州乳鸽市场销售量首次达到甚至超过香港，年销售达到2 000多万只。根据2013年行业的统计，广州日销售量达12万～15万只，年销售乳鸽达4 000多万只，成为消费乳鸽最多的城市，专业食用乳鸽酒楼有130多家。深圳、江门、中山、珠海等地销量也很大，全省年消费乳鸽超过1.5亿只。

截至2017年年底，我国共有3家祖代肉鸽企业，分别是中山市石岐鸽养殖有限公司、深圳市天翔达鸽业有限公司、江阴市威特凯鸽业有限公司。广东省祖代肉种鸽10.67万对，占全国18.25万对的58.5%；2017年广东省父母代种鸽存栏量104万对，占全国407万对的25.6%。

珠三角地区鸽业养殖历史悠久，产业规模大，生产销售体系较为完善。深圳光明农场、深圳大梅沙及小梅沙旅游区、中山五桂山、广州白云区及茂名茂南区都可见食鸽专业酒楼，红烧乳鸽、药膳乳鸽等特色乳鸽食品等深受消费者青睐。

（四）西北地区的新疆、宁夏、陕西、甘肃、青海等省份

鸽子在西北被视为吉祥禽鸟，陕西是我国早期开展肉鸽饲养的区域之一，1982年西北农林科技大学种鸽场落户咸阳，对西北的信鸽、肉鸽的繁育做出了贡献。起源于青海同仁的保安族日常爱吃鸽肉稀饭，兰州流行喝"鸽子粪"茶，宁夏挖掘了鸽子山遗址，当地民众在历史上就有鸽饭的饮食，这些都表明肉鸽在西北发展有悠久的传统。

鸽子是维吾尔族百姓的肉食之一，年均消费达3 000多万只。维吾尔族家禽养殖历史悠久，不同于汉族集聚地区，新疆地区肉鸽饲养基本以散户饲养为主，几乎家家户户都饲养鸽子。据统计，喀什地区95%以上的养殖鸽为农户散养，每户饲养20～100只；现有20家合作社（含公司），年产肉鸽约120万只。

第三章　我国肉鸽的消费与需求

作为一种高端食品，肉鸽历来有"一鸽胜九鸡"的美誉。肉鸽不仅集丰富的营养、不可替代的保健和药用价值于一体，而且具有肉质细嫩、味道鲜美的特性。

我国居民历来有食用鸽肉的习惯。随着经济发展水平和健康、营养意识的不断提高，我国居民肉鸽消费量不断增加，并出现了新的需求特征。

第一节　肉鸽富含人体必需的营养物质

肉鸽蛋白含量高、脂肪含量低、富含维生素和各种矿物质、药用价值高，是人类摄取营养和微量元素等人体必需营养物质的重要来源。

一、鸽肉富含蛋白质

陈丽华等（2007）的研究表明，鸽肉的蛋白质含量可达22%~24%，脂肪含量仅为1%左右；常玲玲等（2017）的研究数据认为，鸽肉中蛋白质含量为20.5%，与羊肉相同，超过鸡、猪、牛等动物，而脂肪含量仅为2.7%，远远低于羊肉（7.0%）、牛肉（5.7%）、猪肉（6.6%）和鸡肉（5.0）等畜禽肉类，同时，鸽肉的水分含量高达73.2%（表3-1），因此肉汁丰富，口感温润。

表3-1　畜禽肉主要营养成分含量　　　　　　　　　　　　　（%）

肉类	鸽肉	鸡肉	猪肉	牛肉	羊肉
水分	73.2	72.0	71.0	72.9	71.1
蛋白质	20.5	19.4	20.3	20.1	20.5
脂肪	2.7	5.0	6.6	5.7	7.0

数据来源：陈丽华等，2007；常玲玲等，2017

二、鸽肉微量元素含量丰富

微量元素对人体有极其重要、不可取代的营养生理作用，是构成人体内许多酶、辅酶、维生素、色素以及其他营养物质的核心物质，参与体内的各种代谢过程。

相关研究（龙菊，2011；尤娟，2008）表明，鸽肉中微量元素的含量丰富，其中，锰的含量是其他肉类的数倍，锰有助于骨骼、软骨、组织和神经系统的健康形成，并可激活20多种酶（包括抗氧化酶体系）的活性，可稳定血糖、产生胰岛素、减少细胞损害、健全大脑功能；鸽肉中锌的含量也普遍高于其他肉类，是猪肉的3倍，鸭肉的4倍，鸡肉的40倍，锌是体内200多种酶以及DNA、RNA的组成成分，是生长发育的必需物质，对于伤口愈合也很重要，可调节来源于睾丸和卵巢等器官的激素的分泌，对有效缓解压力也有帮助，还可促进神经系统和大脑的健康，尤其是对于处于发育期的胎儿骨骼和牙齿的形成、头发的生长以及能量的代谢都有帮助（表3-2）。

鸽肉还含有人体必需的钾、钠、钙、镁、铜、铁等元素，这些丰富的微量元素参与人体代谢，对增强人体免疫能力、维持机体自身稳定性起着十分重要的作用。

表3-2　主要畜禽肉矿物质含量　　　　　　　　　　　　　（mg/100g）

肉类	鸽肉	鸡肉	鸭肉	鹅肉	猪肉	牛肉	羊肉
钾	366.53	333	191	232	317	140	338
钠	59.79	44.8	69	58.8	43.2	75.1	92.8
钙	4	1	6	4	6	3	3
镁	29	28	14	18	28	29	29
铜	1.69	0.01	0.21	0.43	0.01	0.01	0.009
铁	2.3	1	2.2	3.8	1.5	0.4	3
锰	0.37	0.01	0.06	0.04	—	—	0.01
锌	5.72	0.26	1.33	1.36	2.01	4.73	2.22

数据来源：鸽肉数据（龙菊，2011）；其他数据（尤娟，2008）

三、鸽肉富含各种氨基酸

鸽肉中含有17种常见氨基酸，种类齐全且构成均衡，接近人体必需氨基酸的结构（陈明霞，2019）。其中，异亮氨酸、亮氨酸、赖氨酸、苯丙氨酸、苏氨酸和缬氨酸等必需氨基酸的含量占总氨基酸含量的38.16%，谷氨酸、天冬氨酸、甘氨酸、精氨酸和丙氨酸等鲜味氨基酸含量占总氨基酸含量的43.42%，均高于其他畜禽肉（钱爱萍，2010；常玲玲，2017）；鸽肉中天门冬氨酸和丙氨酸含量分别高达9.47%和6.66%，明显高出其他肉类；鸽肉中异亮氨酸、亮氨酸、缬氨酸等氨基酸的含量也高于其他肉类。

氨基酸是构成蛋白质的基本单位，氨基酸的种类和含量及其结构决定了蛋白质的优劣，是评价蛋白质营养水平的最主要指标。鸽肉中人体必需氨基酸含量占总氨基酸含量的比例高于其他肉类，则说明鸽肉中蛋白质更为优质，营养价值更高；鲜味氨基酸的组成和含量直接影响着食品味道的鲜美程度，而且具有增强记忆力和缓解低血糖的功能；亮氨酸的作用包括与异亮氨酸和缬氨酸一起合作修复肌肉，控制血糖，并给身体组织提供能量，还能提高生长激素的产量，帮助燃烧内脏脂肪；赖氨酸是人体第一必需氨基酸，可以起到促进食欲、促进幼儿生长和发育的作用，还能提高钙的吸收及在机体内的积累，加速骨骼生长，它是合成大脑神经再生性细胞等重要蛋白质所需的必需氨基酸（表3-3）。

因此，鸽肉的氨基酸组成不仅符合人体对氨基酸的需要量，同时还有促进大脑骨骼发育、改善记忆力和缓解低血糖等多种功能。

表3-3 鸽肉与其他肉类氨基酸含量的比较 （%）

肉类		鸽肉	鸡肉	鸭肉	鹅肉	猪肉	牛肉	羊肉
氨基酸	异亮氨酸	5.11 ± 0.04	5.16	4.95	4.65	4.78	4.76	4.75
	亮氨酸	9.10 ± 0.12	8.44	8.65	8.53	8.12	8.34	8.62
	赖氨酸	8.90 ± 0.07	7.92	7.56	7.14	8.57	8.63	9.01
	苯丙氨酸	4.98 ± 0.03	3.76	4.56	5.24	3.49	4.91	4.55
	苏氨酸	4.76 ± 0.03	3.99	4.68	4.4	4.53	4.47	4.46
	缬氨酸	5.31 ± 0.06	5.35	5.52	5.3	5.03	5.05	5.14
	组氨酸	2.89 ± 0.06	3.58	3.08	4.9	4.43	3.87	2.89
非必需氨基酸	精氨酸	6.77 ± 0.02	6.33	6.64	6.34	6.32	6.18	6.46
	丙氨酸	6.66 ± 0.21	5.79	6.13	5.53	5.58	5.79	5.88

（续表）

肉类		鸽肉	鸡肉	鸭肉	鹅肉	猪肉	牛肉	羊肉
非必需氨基酸	天门冬氨酸	9.47 ± 0.03	9.66	9.5	7.71	9.12	9.12	9.21
	谷氨酸	15.58 ± 0.05	16.47	11.56	16.45	17.04	17.12	17.98
	甘氨酸	4.94 ± 0.19	4.36	4.76	4.52	4.39	4.31	4.51
	胱氨酸	0.34 ± 0.48	0.49	1.46	1.67	0.99	0.69	0.74
	脯氨酸	3.32 ± 0.31	3.18	3.37	3.46	3.54	2.75	2.99
	丝氨酸	4.18 ± 0.06	3.81	4.08	1.54	3.69	3.73	3.72
	酪氨酸	3.54 ± 0.09	3.27	3.63	3.92	3.59	3.48	3.62
必需氨基酸/总氨基酸含量		38.16	36.42	35.92	35.26	34.52	36.16	36.53
鲜味氨基酸/总氨基酸含量		43.42	42.61	38.59	40.55	42.45	42.52	44.04

数据来源：常玲玲，2017；钱爱萍，2010

四、鸽肉维生素含量丰富

鸽肉中有维生素A、B_1、B_2和E等10多种维生素。维生素A在鸽肉含量占53%，维生素E含量为0.99%，并且鸽肉中维生素E含量普遍高于其他肉类，是羊肉、牛肉、鸭肉、鹅肉的4倍，猪肉的2倍（表3-4）。

表3-4 维生素含量 （%）

微量元素	鸽肉	鸡肉	鸭肉	鹅肉	猪肉	牛肉	羊肉
维生素A	53	48	52	42	0	9	22
维生素B_1	0.06	0.05	0.08	0.07	0.22	0.03	0.05
维生素B_2	0.2	0.09	0.22	0.23	0.16	0.11	0.14
维生素E	0.99	0.67	0.27	0.22	0.49	0.22	0.26

数据来源：杨月欣，2004

维生素是维持人体正常的生理功能和健康不可或缺的必需的有机化合物，在人体生长、代谢、发育过程中发挥着重要的作用。例如，维生素E缺乏时细胞出现类似于组织衰老时细胞内所见到的褐色素颗粒称脂褐素，维生素E是公认的具有抗衰老功效，能有效促进皮肤血液循环和肉芽组织生长，使毛发皮肤光润，并有皱纹展平功能；维生素E还可有效对抗自由基，抑制过氧化脂质生成，祛除黄褐斑；抑制酪氨酸酶的活性，从而减少黑色素生成。酯化形式的维生素E还能消除由紫外线、空气污染等外界因素造成的过多的氧自由基，起到延缓光老化、预防晒伤和抑制日晒红斑生成等作用。因此食用鸽肉对于肌肤有天然的好处，同时鸽肉可以作为人类摄取维生素E等维生素的极佳食物来源。

五、肉鸽药用和食疗效果好

鸽肉不但营养价值高，药效功能也极高。早在400多年前，鸽的骨骼和肉已被列为传统成药"乌鸡白凤丸"的主要原料之一（李彦明，2003）。鸽肉中含有的泛酸对毛发脱落、中年早秃、头发变白、未老先衰等都有一定的疗效（刘中国，2014）；肉鸽含有较多的支链氨基酸和精氨酸，可促进体内蛋白质的合成，加快创伤愈合。老鸽解肺毒最佳，含有粗蛋白、粗脂肪，具有滋胃益气祛风解毒的作用（龙菊，2011）。对于手术患者、久病贫血及营养不良的儿童来说，食用鸽肉能调心、养血、补气，具有大补元气的功效。常食肉鸽可增进食欲，防止神经衰弱和健忘，预防和治疗动脉血管硬化及高血压症等（胡志强，2009）。

鸽肉还具有较高的食疗价值，是高级滋补营养品，尤其是乳鸽肉质细嫩、味道鲜美，是著名的滋补品，对神经衰弱、健忘、失眠、夜尿等多种疾病有特殊疗效，常吃乳鸽还能防止高血压、血管硬化。用鸽肉与当归、党参等中药炖或蒸服，具有调心、养血、大补的功效。

第二节　肉鸽的饮食文化

鸽肉营养丰富、药用价值高，是高级滋补营养品，也是我国传统美食的重要食材。我国地大物博，美食文化源远流长，以鸽肉为主要元素的美食呈现明显的地域特征和时代特色。围绕我国肉鸽四大主要消费区域，形成以长三角地区、珠三角地区、新疆以及京津冀地区为典型地域特征的肉鸽美食。随着人们对健康、养生的追捧，市场上也逐渐出现了肉鸽的保健产品和健康食品。

一、我国肉鸽饮食文化的地域特点

我国的肉鸽饮食文化呈现明显的地域差异。肉鸽作为食用禽类与肉鸡烹饪方法有许多相同之处，不同之处在于肉鸽的营养价值更高，与众多中药材结合的烹饪方式是肉鸽做法的一大特点。在北京地区各大医院孕产妇、术后患者、癌症化疗患者是肉鸽消费的主要对象；江南地区民间吃肉鸽的习惯很普遍，相对于烤、炸方式，江南地区的食用方法以炖、煮为主要方式；在广州地区肉鸽做法多种多样，单就广州市的鸽子主题餐厅就有30多种做法，广东地区饮食文化丰富多彩，在肉鸽食用方面也体现了这一特点。肉鸽烹饪不拘一格，与众多食材相搭配，形成了广东地区特有的肉鸽佳肴。而在新疆地区肉鸽以烤制为主。

（一）广东

在广东，肉鸽是深受广东市民喜爱的食材。红烧乳鸽是广东传统名菜之一，几乎是每一家广东餐厅必备的招牌菜。由于广东民众的饮食注重医疗保健作用，养生药膳汤成为广东地区著名的菜品。广东人喜将鸽肉同保健药材（党参、枸杞、当归、山药、红枣等）一起熬制煲汤，所烹饪的汤品兼具营养、美味与保健功效。此外，还有盐焗乳鸽、大鸽饭、炖老鸽等佳肴。

不同于其他地区肉鸽的养殖，广东人养殖肉鸽会有育肥这一养殖环节。育肥的肉鸽在短时间内体重增长快，脂肪含量适中。育肥后的肉鸽肉质鲜美，体型更大，具有较高的经济效益。

（二）上海

煲汤并非是广东地区所特有的烹饪手段，鸽子汤也是备受江浙沪地区民众欢迎的美味汤品。在长三角地区，以上海为例，肉鸽年消费量约为5 000万只，市场消费能力强且具有巨大的发展潜力。上海市相关部门，先后举办了"上海十大肉鸽品牌"评选和地产肉鸽评优推介会，推动了上海地产肉鸽品牌的发展，提高了肉鸽产业的知名度。

（三）华北及东北地区

山东、河南、陕西、山西及河北等地鸽肉消费量较低，但是在这些地区有关鸽子的菜品并非罕见，"全鸽宴"深受这些地区肉鸽爱好者的追捧。在北京，鸽文化底蕴深厚、历史悠久，肉鸽饲养数量大，分布有较多的鸽品餐厅，产品尤以脆皮乳鸽、烧鸽为主。

北方民众日常食用鸽肉较少,多用于保健和帮助病人恢复身体。而东北地区烧烤文化丰富,鸽肉以烤制方式为主,烤鸽肾深受很多人的青睐。

(四)新疆

众所周知,新疆地区牛羊肉最有名,但鸽品也是新疆地区著名的菜肴,鸽肉烹饪以烤制、卤制、涮食等方式为主。新疆是肉鸽消费最活跃的地区之一,尤其以和田和喀什两地较为突出。和田以烤乳鸽为主,而喀什则注重营养保健功能,以鸽汤为主要消费形式。鸽子肉拌面和烤鸽子也是新疆地区深受欢迎的美食套餐。

二、肉鸽产品及加工工艺多样化

肉鸽产品主要包括鸽蛋、生鲜、保健食品系列。目前开发出的鸽肉风味制品主要有软罐头制品、调味肉制品、肉脯制品等。

经过前处理的肉鸽胴体,可进行多种不同的加工。常见的加工方法有烤肉鸽、罐头肉鸽、醉肉鸽等。烤肉鸽的加工:肉鸽胴体—腌制—漂洗—填料—整形,紧皮上色—烤制—包装—冷却—成品检验,经过烤制工艺制作的肉鸽,表面金黄色,口感香脆,香味浓郁,食用安全。罐头肉鸽的加工:肉鸽胴体—腌制(分干腌和湿腌)—整理、烘烤—罐头包装杀菌。醉肉鸽加工:肉鸽胴体—预煮—煮制—腌制—醉制—真空包装—低温贮藏。

(一)冰鲜鸽销售占主流

我国目前的鸽产品销售以整只肉鸽销售为主,极少进行分割加工,且以冰鲜鸽的消费为主。成品主要是以菜肴的形式食用,少量以即食产品进行软包装和罐装。冰鲜鸽的加工工艺流程主要包括屠宰、拔毛、整理包装和贮藏4个工序(具体工艺见第六章第四节)。

(二)鸽蛋的市场前景

鸽子蛋营养价值高,市面上的价格远高于鸡蛋、鸭蛋等。鸽子蛋是按个售卖,平均价格为每个鸽蛋3.61元,鸽蛋重15~20g,即鸽子蛋的价格为每千克210.58元;鸽蛋价格约为普通鸡蛋价格的27倍。鸽子蛋的食用主要以水煮为主,既保留了鸽蛋的全部营养物质,同时保证了鸽蛋的原汁原味。值得一提的是新疆和田地区的烤蛋及套蛋,深受当地民众及游客的欢迎。

（三）不同日龄的鸽肉消费

乳鸽一般是30日龄以内的幼鸽。一般肉鸽18～28日龄进入屠宰适龄期，不同日龄的肉鸽用途也不同。15～17日龄的鸽子称为妙龄鸽，肉质细嫩，一般用来做酱乳鸽；25日龄左右的乳鸽，体重已达500g以上，此时，乳鸽胸肌丰满，肥度适中，料肉比最好（曹宋玉，2000），常用来做凉菜或脆皮乳鸽；28日龄左右的乳鸽体重达500～750g，其肉质适合煲汤，营养价值相当高（表3-5）。

乳鸽的常规烹饪方法主要有：红烧乳鸽、花椒酱乳鸽、清香烤乳鸽、山药乳鸽汤、清炖乳鸽、烤乳鸽、党参当归炖乳鸽、炸乳鸽等。

表3-5 不同日龄肉鸽特点及烹饪方法

乳鸽日龄	羽毛生长情况	重量	肉质特点	用途
15～17天	头部长满尖细的乳毛，背上和翅的羽毛还未长齐，颜色较浅	—	肉质细嫩	酱乳鸽
25天左右	头和颈部长出部分羽毛，部分纤细的乳毛已褪去，身上羽毛基本长齐，但颜色较浅	500g	胸肌丰满，肥度适中	凉菜或脆皮乳鸽
28天左右	头部、颈部纤细的乳毛大部分已被羽毛取代，翅膀主翼羽长出较长，坚硬度增加，羽毛也增长	500～750g	肉质稍老一点	煲汤

（四）鸽肉健康保健食品

鸽肉营养丰富，具有极高的药用价值，我国开发了多种鸽肉健康产品，拓宽了鸽产品的营销途径。

1. 鸽肉药膳食品

鸽肉素有"动物人参"之称，是重要的保健、药膳食品的原料之一。鸽肉佐以中药是极佳保健效用的药膳补品，不仅增强了食疗作用，达到了滋补的效果，同时不破坏鸽肉鲜嫩特色。常见的药膳食品有"鸽肉玉竹汤""参芪鸽肉汤""黄精乳鸽汤"等，可达到滋阴清热、健脾益气的效果，适用于口渴咽燥等症（陈继英，2003）。

2. 鸽肉料理产品

采用先进的食品工程技术，将鸽肉制成风味制品，既方便鸽肉产品的储存、运输，也满足大众膳食和促进鸽的商业化生产。鸽肉料理产品的前处理工艺大致相同，肉鸽屠宰分级后经食品工程技术加工成料理产品，目前已开发的鸽肉料理产品主要有软罐头制品、调味肉制品、肉铺制品等。

3. 鸽肉水解液

近年来，随着人们物质生活水平的提高，天然、绿色、健康的食品正日益受到人们的青睐。经酶解处理，鸽肉降解为易溶解的多肽和少量氨基酸。鸽肉酶解处理后的氨基酸的模式与人奶、鸡蛋等优质蛋白质的氨基酸模式相似，具有极高营养价值和商业价值。水解鸽肉的一般工艺流程为：鸽肉前处理→绞碎→加水打浆→酶解→分离→成品。陈建真等以黄芪甲苷和总固体量为主次指标，优化复方乳鸽口服液制备工艺，以黄芪、肉鸽等多味中药材为原料提取精制而成复方乳鸽口服液（陈建真，2004）。周彦钢等对肉鸽肽进行了研究，鸽肉酶解处理后，经喷雾干燥获得肉鸽肽，呈淡黄色粉末状，味道鲜美、水溶解后液体澄清透明（周彦钢，2005）。

4. 鸽肉超微粉

超微粉碎技术是一种物料加工新技术。超微粉碎一般是指将原料粒度为0.5～5mm的物料颗粒粉碎至成品粒度在10～25μm的过程。应用超微粉碎技术，将肉鸽粉碎加工为乳鸽超微粉，提高了其溶解性、吸附性、亲和力。超微粉碎加工过程中，肉鸽细胞壁被破碎，营养成分、微量元素和维生素被充分释放，增强了产品速溶特性。提高了营养成分吸收利用的效率。利用超微粉碎技术生产的乳鸽超微粉不仅保存了肉鸽所特有的天然色、香、味和营养成分，解决了肉鸽产品储存不便的问题，产品补血养身、美容润颜、骨骼生成等功效也得到了保存。乳鸽超微粉加工工艺为：肉鸽前处理→机械采肉→粗磨→漂洗→均质→胶体磨→离心脱水→杀菌→冷冻干燥→粉碎→过筛→杀菌（原材料杀菌）→充氮包装。目前，乳鸽超微粉在很多领域均得到了广泛的应用。肉鸽经深加工后制成乳鸽营养咀嚼片、高钙鸽精、桑葚乳鸽酒等高附加值产品（陈丽华，2007）。

5. 鸽肉副产物的开发利用

肉鸽除提供优质肉品外，其副产品也极具开发价值。鸽肝、鸽心等可开发成风味小吃，鸽肝制成的肝粉、肝浸膏等补血药物在治疗营养不良、贫血等疾病中发挥重要作用。鸽血研制成的血红素可应用于贫血及衰弱症的治疗。此外，鸽血制成的蛋白胨可用作细菌培养基。鸽血粉也是一种优质的动物源性高蛋白饲料。鸽血制成的血炭，可作脱色剂及在糖业作澄清剂。胆汁是人造牛黄和补充剂等重要原材料，制成胆盐可作化学试剂、细菌培养基等。羽毛及屠宰鸽的下脚料，可制成蛋白质混合饲料，代替鱼粉饲养畜禽。

（五）特色鸽美食

1. 富硒鸽

硒是机体所必需的微量元素之一，具有抗氧化、增强免疫力、预防疾病等作用，可以预防癌症和保护肝脏。以含硒蛋白、氨基酸等有机形态硒补充机体微量元素硒更具有安全性，近年硒营养加强食物也引起民众极大关注。富硒鸽培育及其相关产品的生产，提高了鸽的营养价值和产品层次，符合民众对绿色、健康食品的消费需求，受到很多消费者的喜爱。

2. 谷鸽

在河南省滑县道口画宝刚烧鸡的配方基础上经过多次的配方调整、风味调整，研制酱卤鸽肉加工工艺，采用鲜嫩肉鸽，精心卤制而成酱卤鸽肉，符合大众口味。采用了真空包装，是走亲访友、居家食用的理想佳品。

3. 烤鸽子蛋

炭火烤蛋被称为新疆一绝，"烤套蛋"更是不可错过的特色美食，深受当地百姓和外地游客的喜爱，也是宾馆饭店和当地人招待宾客的一道的特色美食。取出鸽子蛋、鸡蛋、鸭蛋的蛋黄加入去除蛋清的鹅蛋中，放在木炭上烤制，期间确保蛋壳不破裂，加入藏红花、蜂蜜等调料后即可食用。也有将上述蛋中的蛋黄加入鸵鸟蛋中，烤制完成后即食。

三、肉鸽加工展望

随着人民生活水平的提高和对优质健康蛋白质需求的增长，肉鸽的市场消费量呈现不断上涨的趋势，消费端将对肉鸽生产端产生明显的拉动作用。因此，肉鸽养殖的市场前景很大。目前国内针对肉鸽产品的研究相对薄弱，多集中在营养成分的研究，很少涉及肉鸽药食功能性研究，消费者对肉鸽产品的药用功效不甚了解，在一定程度上也限制了肉鸽消费市场的扩大。因此，需要通过系统研究揭示肉鸽的药食功能性组分和作用机制，科学引导消费，培育消费群体。并且针对不同的消费习惯和差异化需求，研发肉鸽系列产品，满足多样化市场需求，革新肉鸽产品加工工艺，引入生物萃取技术，研发保健型产品，推动肉鸽产业高质量发展。

第三节 鸽产品消费情况与特征

一、国内肉鸽消费量持续增加

除去少量的出口，我国生产的大部分肉鸽都是在国内消费。虽然肉鸽出口是按照鸽肉数量统计的，但我国尚没有鸽肉产量的统计数据。为了大致估算我国乳鸽国内消费水平，我们按照乳鸽28天出栏，每只乳鸽出栏时体重达到500~750g（陈明霞，2019），如果按照乳鸽出栏体重600g，屠宰率在87%、全净膛率75%左右换算（汤清平，2018），可以大致推算出我国鸽肉出口对应的乳鸽数量，从而算出国内乳鸽的消费量（表3-6）。

表3-6　2011—2017年我国乳鸽出栏、出口和国内消费量

年	乳鸽出栏量（亿只）	活乳鸽出口量（t）	鸽肉出口量（t）	乳鸽出口总计（亿只）	国内乳鸽消费 数量（亿只）	增长率（%）
2011	5.00	647.40	3 267.76	0.08	4.92	—
2012	5.90	548.04	3 301.01	0.08	5.82	18.3
2013	4.20	612.54	3 582.61	0.09	4.11	−29.3
2014	4.90	406.93	3 651.20	0.09	4.81	17.1
2015	5.80	555.85	2 798.62	0.07	5.73	19.0
2016	6.12	542.63	3 203.90	0.08	6.04	5.4
2017	6.26	61.71	4 208.11	0.09	6.17	2.1
2018	6.43	0	4 853.49	0.11	6.32	2.5

数据来源：出栏和出口数据分别来自中国畜牧业协会和联合国贸易数据库；消费数据系作者估算

我国国内乳鸽消费量总体上是增加的。2017年第一季度之前，我国对港澳地区有活乳鸽和冷鲜鸽肉的出口，自2017年第二季度起，我国对港澳地区不再出售活鸽。从表3-6中可以看出，除去出口的活鸽和冰鲜鸽，2011—2017年，我国国内乳鸽消费量从4.92亿只增加到6.32亿只。除2013年我国乳鸽消费量比2012年急剧减少29.41%外，其他年度都呈现增加的趋势，但增速减缓。2015年国内乳鸽消费量突破5亿只，达到

5.73亿只，比2014年的4.81万只增加了19%；2018年国内乳鸽消费量达到6.32亿只，比2011年的4.92亿只增加了29%，仅比2017年的6.17亿只增加了2.5%。

二、鸽产品市场需求特征与趋势

（一）需求量将继续增加

由于鸽蛋具有特殊营养成分，且蛋白细嫩，香滑可口，特别受广大消费者欢迎，在女性的化妆品中，用鸽蛋蛋白做成的化妆品是一种特别有效的美容品，直接用蛋白做面膜也很受年轻女性喜欢。在浙江温州一带，民间吃鸽蛋的习惯很普遍，妇女怀孕、生小孩、小孩孩童阶段都常食鸽蛋，全国以浙江省销售鸽蛋最多。广州市有些酒店向鸽场收购鸽蛋做高档菜式和高级甜品，市场需求也很大。目前在江浙一带有企业专门饲养蛋鸽，新鲜鸽蛋直接供应市场，每只鸽蛋价格在2~5元，平均可达3元/只左右。在广州，许多大型鸽场都有不少已孵化过的无精蛋，这部分蛋被专业收购者收购后，部分卖到浙江，部分在广州本地酒店销售，售价每千克70~120元，每千克鸽蛋大约46枚，平均2元左右一枚。在河南，已有公司开发高级鸽蛋礼品包装产品，每盒20多枚鸽蛋的礼品可卖100多元，可见鸽蛋产品市场一般以高档食品开发销售，市场前景好，但市场还不成熟，销售量有限，不宜推进太快。

20世纪70年代，作为当时"亚洲四小龙"之一的中国香港，由于经济发达，消费水平高，逐渐开始流行吃鸽，随着名菜"红烧乳鸽"盛行（梁雅妍和陈益填，2017），中国香港、澳门市场需求同样有一定增长，香港年需求量大约3000万只，其市场需求年增长约5%。随着人们对肉鸽的充分认识，肉鸽的出口销售量将会有稳定的增长。而自从21世纪肉鸽业逐步走上规模化和产业化以来，肉鸽市场需求旺盛，呈产销两旺态势。市场需求量每年以10%~15%增长，与每年种鸽存栏量的增长同步，肉鸽加工品市场潜力有待开发利用。

（二）冰鲜肉鸽将是主流

随着肉鸽电商平台的出现以及冷链物流运输产业的迅速发展，肉鸽流通渠道多元化，其中，商务业务不断拓展，使消费者足不出户就可以购买到各地的生鲜肉鸽产品。"大市场、大流通"的市场格局正在有效增强肉鸽生产的自我调节能力。高速公路网、现代物流体系、冷链体系的不断健全，使得肉鸽生产和供应的调整速度加快。

冷鲜鸽肉销售成为主流后，肉品由于便于储备更容易达到均衡供应。随着人们健康消费观念的逐渐转变，冷鲜肉消费量正在逐年递增，特别是城镇居民、年轻消费群体对冷鲜肉消费已经出现偏好现象。以广东省为例,肉类消费将逐步由现宰现卖的鲜肉消费向经过低温处理的冷鲜肉消费转变。

(三)产品更加多样化

肉鸽改善了居民的肉食结构,随着人们对肉鸽营养认识的不断提高,未来肉鸽消费的多元化水平将继续提高。食肉鸽加工品,包括符合大众的消费心理和趋势的独立小包装休闲小食品等多样化新形式将会很有市场潜力(李殿鑫,2015)。将肉鸽进行分割,制作成分割食品,如对鸽脯肉加工就是将鸽脯肉独立分割出来,加工成味道鲜美、营养丰富的休闲小食品,不仅便于消费者的休闲娱乐消费需求,也提高了肉鸽产品的附加值。

第四章　我国肉鸽价格波动与特征

第一节　肉鸽供应渠道多样化

一直以来，肉鸽的供应不同于有着成熟产销流通渠道的鸡肉、鸭肉等传统禽类产品，经过40年的发展，尽管肉鸽的供应模式和渠道发生了一些变化，但笔者的市场调研发现，目前，肉鸽消费的各种渠道中，饭店酒楼仍然是肉鸽消费的主要场所。各种大型超市、精品超市、专营店、农贸市场和社区肉菜市场消费都有冷鲜或者冷冻肉鸽销售，在南方一些小的乡镇菜市场，还有活鸽出售。

电子商务和现代冷链物流产业的发展，改变了传统肉鸽产品的流通模式，丰富了肉鸽的供应渠道。和其他生鲜产品一样，网络电子商务交易的肉鸽无不例外地通过京东、淘宝等平台进行销售。

根据笔者的市场调研估算，目前肉鸽消费的各种渠道中，酒楼等餐饮服务业消费占比约为85%，各种水平的超市、农贸市场、专营店、肉菜市场等零售终端消费占比约为5%，电商平台消费占比为2%，余下的8%由其他渠道出售（图4-1）。

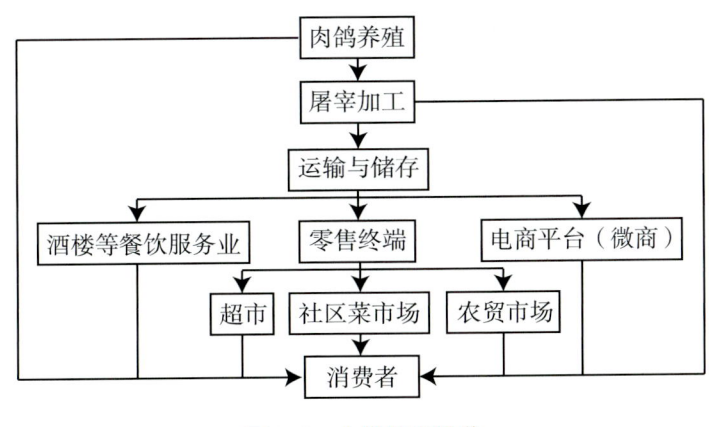

图4-1　肉鸽供应渠道

第二节　乳鸽出场价格波动特征分析

一、数据来源

该部分肉鸽价格数据来于中国畜牧业协会鸽业分会。价格数据涵盖2016年1月至2019年12月全国肉鸽业企业的乳鸽48组月度销售价格，其中，乳鸽平均价格为16.14元/只，最低为2017年5月的12.56元/只，最高时为2019年12月的19.67元/只；2019年乳鸽平均价格为18.52元/只，比2018年、2017年和2016年的平均价格分别增长了14.86%、37.13%和12.82%。

2018年，全国多地对肉鸽养殖实行限养禁养政策，使得部分地区乳鸽供应紧张。同时，鸽王美食大赛等系列活动进一步推广了食鸽文化，让更多的消费者认识肉鸽美食，增加了对肉鸽的需求。因此，2018年乳鸽销售价格明显上升。2018年，乳鸽（25日龄）年平均价格为17.68元/只，比2017年上升16%，平均每对种鸽可盈利100元左右，鸽场盈利空间大大提高。从全年走势来看，除1月鸽价与2017年1月持平外，其余各月份鸽价均同比上升。全年最高鸽价出现在11月，达到18.92元/只，是2013—2018年以来乳鸽月平均最高售价（图4-2）。

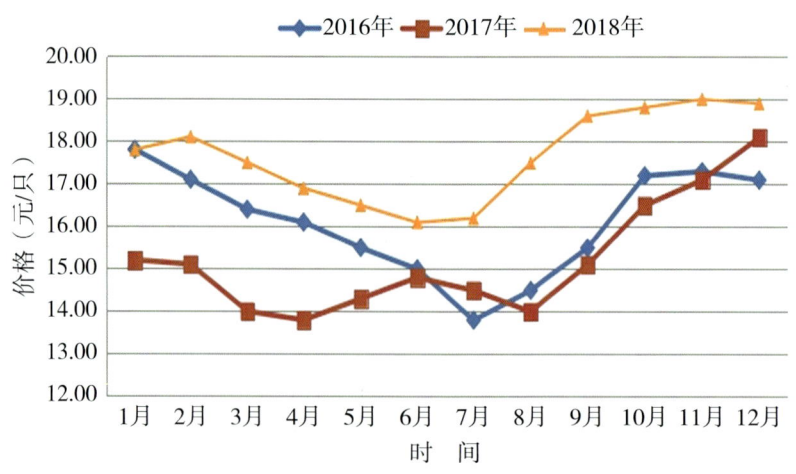

图4-2　2016年1月至2019年12月肉鸽月度销售价格

数据来源：中国禽业发展报告

二、研究方法

通常情况下，季节性波动会混淆价格波动中其他的客观变化规律特征，以致给肉鸽价格波动特征分析造成困难和麻烦。因此，在进行肉鸽价格波动特征分析时，需将季节要素从原序列中提取，进而分析其他特征。CensusX12季节调整方法适用于月度或季度为季节性周期的时间序列，可以获取肉鸽价格的季节成分、趋势循环成分和不规则成分。为了进一步得到趋势和周期成分，采用滤波方法对趋势循环成分进行分解。HP滤波和BP滤波是最常用的两种滤波方法。相比较而言，HP滤波方法没有对循环项的频率有限制，而BP滤波则需设置循环项的上、下限，在此上、下限的范围内筛选出循环成分。因此，相对于HP滤波方法，BP滤波更多的是验证循环周期，且具有较强的主观性。

CensusX12季节调整方法。CensusX12季节调整方法可以从肉鸽价格序列中分解出季节因素，以便更准确地揭示肉鸽价格变动的长期趋势、周期特征和随机变化特征。CensusX12季节调整方法有4种分解模型：加法模型、乘法模型、对数加法模型以及伪加法模型（王红瑞等，2013）。其中乘法模型可以通过取对数的方式转换为加法模型。本次研究采用加法模型，具体函数公式如下：

$$Y_t = TC_t + S_t + I_t \tag{4-1}$$

式中，Y_t表示肉鸽价格月度时间序列，TC_t表示肉鸽价格趋势循环成分，S_t表示肉鸽价格季节变动成分，I_t表示肉鸽价格不规则成分。

HP滤波方法。HP滤波方法由Hodrick和Prescott于1980年提出，最先用于分析美国战后的经济前景。后来此方法被广泛应用于各领域的经济指标趋势分析中，其理论基础是将时间序列看作不同频率的成分叠加，并从这些频率不同的成分中分离出高频率成分（周期成分）和低频率成分（趋势成分）。在对肉鸽价格时间序列进行季节调整后，获取了肉鸽价格的趋势循环成分和不规则成分。其中肉鸽价格的趋势循环成分是包括肉鸽价格长期趋势T_t和肉鸽价格周期C_t成分的时间序列，即$TC_t = T_t + C_t$。肉鸽价格时间序列中的趋势成分T_t被定义为下面最小化问题的解：

$$Min\left\{\sum_{t=1}^{T}(TC_T - T_t)^2 + \lambda\sum_{t=1}^{T}\left[(T_{t+1} - T_t) - (T_t - T_{t-1})\right]^2\right\} \tag{4-2}$$

式中，参数λ表示平滑系数，λ越大，肉鸽价格的长期趋势越平滑，根据经验，年度数据λ为100，季度数据为1 600，月度数据为14 400。

三、结果分析

（一）总体呈现上升趋势

2016年1月至2019年12月，乳鸽出场价格经CensusX12季节调整方法和HP滤波方法调整后，得到乳鸽价格的长期趋势（图4-3）。2016年1月至2017年7月左右，肉鸽出场价格的增长相对缓慢，月均增长率约为0.22%；随后到2019年12月肉鸽价格快速增长，月均增长率约为0.56%。总体来看，乳鸽出场价格长期呈现上升趋势，增长速度前期较慢，后期增长速度加快。

肉鸽价格长期呈现上升趋势主要原因是随着国家环保政策的日趋严格，不合格的肉鸽养殖场遭到拆迁，致使肉鸽生产增长速度放缓，肉鸽供给量增加有限。同时，随着居民生活水平的提高以及食鸽文化的推广宣传，肉鸽逐渐走进千家万户，对肉鸽的需求量越来越大。因此，近几年来肉鸽市场处于供需紧平衡的状态之下，促使肉鸽价格呈现上升趋势。

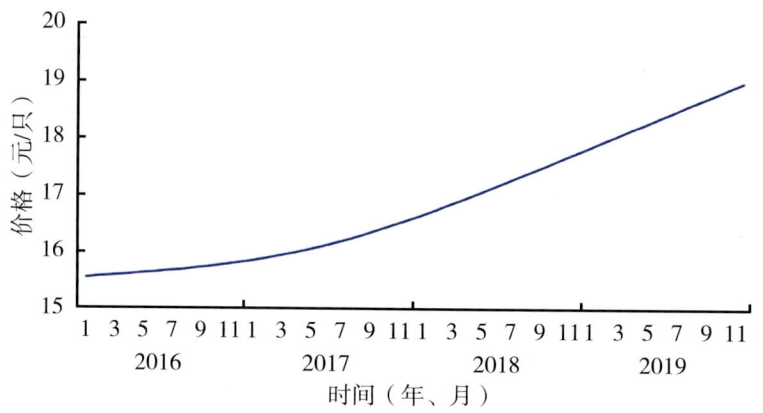

图4-3　2016—2019年全国肉鸽出场价格趋势序列

（二）季节性波动特征明显

2016年1月至2019年12月全国乳鸽价格呈现明显的季节性波动特征。分析图4-4可知2016—2019年，乳鸽价格极值出现的时间具有明显的季节规律性，最高值出现在12月左右（冬季），最低值出现在7月左右（夏季），表现出"冬高夏低"的季节性波动特征。乳鸽价格随季节波动变化的具体表现为12月价格最高，翌年1月开始价格快速下降，在7月左右达到全年价格最低值，低谷之后价格回暖保持上升趋势，在12月达到全年最高值。全年价格呈现"冬高夏低"的"V"字形走势。

乳鸽价格的季节性波动的主要原因是生产和需求的相互作用。从生产角度来说，每年的5—8月为生产的高峰期,乳鸽出栏量增多;每年12月前后乳鸽生产率最低,乳鸽出栏量降低。从需求角度来看,乳鸽营养价值高,属于上佳的补品。而夏季高温炎热,消费者普遍以清淡饮食为主,对乳鸽的消费需求有所减少;冬季气温降低,消费者对高热量高营养的食品需求有所提升。因此,在市场供需相互作用下,乳鸽价格呈现出"冬高夏低"的季节性波动特征。

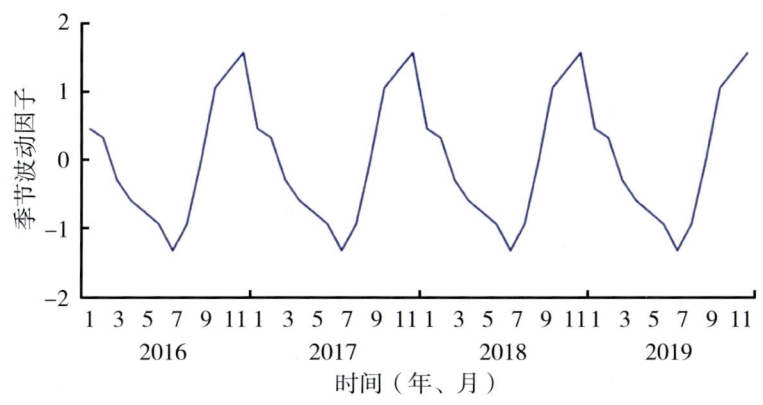

图4-4　2016—2019年全国乳鸽出场价格季节序列

(三)周期性波动特征不显著

肉鸽价格波动循环因子序列反映肉鸽价格剔除季节性因子、趋势因子和不规则因子后价格波动的周期性变化情况。肉鸽产品价格的循环周期与其养殖周期有着极大的关系,一般种鸽以2~3岁为最佳繁殖年龄,5岁时繁殖能力下降至1岁水平,肉种鸽的年龄应以5岁为上限进行换代。因此,从肉鸽养殖周期来看,肉鸽价格的波动周期应为3~5年。目前,仅以2016—2019年的数据来分析肉鸽价格的波动周期特征还尚显不足(图4-5),需要日后获取更多的数据进行分析。

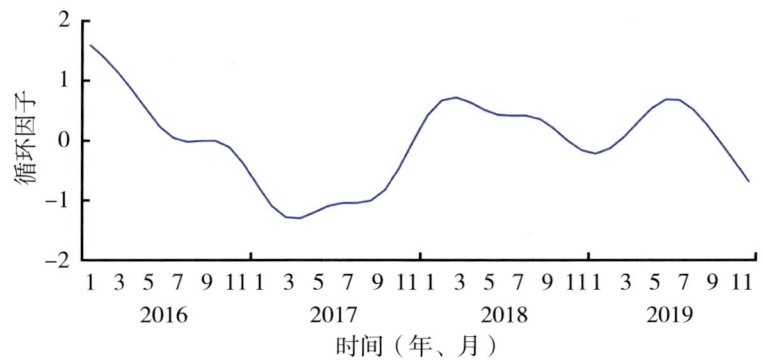

图4-5　2016—2019年全国肉鸽出场价格周期序列

（四）存在一定不规则波动特征

肉鸽价格的不规则波动有减缓的趋势。2016—2019年，全国肉鸽价格的不规则波动主要有3次（图4-6）：2016年7月出现全年最低售价13.80元/只，随后两个月价格快速升高到15.50元/只；2017年4月出现全年最低价格13.80元/只，随后两个月价格快速上升到14.80元/只；2018年6月出现全年最低值16.10元/只，随后两个月快速上升到17.50元/只。进入2019年以来，肉鸽价格并未出现大幅不规则波动，波动相对趋于平缓。

肉鸽价格波动不规则因子序列表明不规则随机因素对肉鸽价格的冲击。这些随机因素主要有突发疫情疾病、相关产业食品供需变化、食品安全事件等。

肉鸽价格的不规则波动的主要原因是受到淡旺季以及禽流感的影响。肉鸽价格出现大幅波动的时间点一般位于肉鸽销售淡旺季交替时。同时，在2016年、2017年和2018年曾出现H7N9、H5N6禽流感疫情，进一步加重了肉鸽价格的不规则波动，导致在某些月份出现价格过高或者过低。

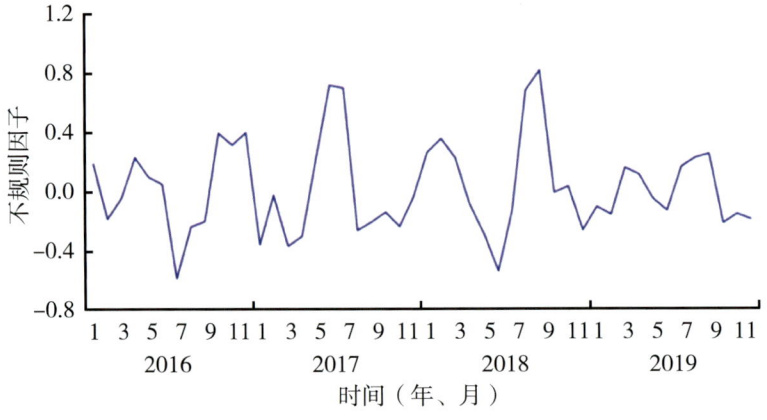

图4-6　2016—2019年全国肉鸽出场价格不规则波动序列

第三节　零售终端肉鸽价格分析

一、数据来源

2018年5—8月，作者课题组成员分别在北京、上海和深圳进行了肉鸽市场调研，调研地点覆盖了三大城市的高端精品超市、外资大型综合超市、国内大型超市、社区超市、社区肉菜市场等肉菜食品零售终端，掌握了第一手资料。

二、不同零售终端肉鸽价格对比分析

（一）不同零售终端价格差异大

将调研的超市和市场分为高端精品超市、外资大型综合超市、社区超市、社区肉菜市场。其中高端精品超市的肉鸽价格最高，平均价格为124.8元/kg，其次是外资大型综合超市肉鸽价格，平均价格为103.8元/kg，居民附近的社区超市及社区肉菜市场价格最低，平均价格为74.2元/kg。

（二）老鸽价格高于乳鸽

老鸽价格普遍高于乳鸽价格。但老鸽销售范围及销售量较小。从调研的数据来看，老鸽的价格一般为200～300元/kg，且有老鸽销售的终端较少，只在高端精品超市以及电商平台销售。乳鸽销售价格相对较低，乳鸽的价格一般为60～150元/kg。

（三）品牌肉鸽价格高于无品牌肉鸽

品牌肉鸽价格普遍高于无品牌肉鸽价格，且品牌肉鸽之间价格也存在很大差异（表4-1）。从调研的数据来看，品牌肉鸽价格最低为83元/kg，最高为145元/kg，平均价格为103.6元/kg；无品牌肉鸽价格最低为63元/kg，最高为70元/kg，平均价格为65.6元/kg。

表4-1 不同终端肉鸽的价格

鸽龄	销售终端	品牌	规格	价格
乳鸽（25～28天）	高端精品超市	家顺康	400g/只	120元/kg
		唐顺兴	250g/只	131.2元/kg
		上海华日	400g/只	145元/kg
		旺园农业	350g/只	83元/kg
		崇明乳鸽	400g/只	145元/kg
	外资大型综合超市	家顺康	250～300g/只	103.8元/kg
	社区超市	上海华日	350～400g/只	117元/kg
		无	250～400g/只	63.2元/kg
		无	350～400g/只	70元/kg
		无	350～400g/只	63元/kg
	社区肉菜市场	无	300g/只	66.7元/kg

（续表）

鸽龄	销售终端	品牌	规格	价格
老鸽 （3~5年）	高端精品超市	五百家生态老鸽	400g/只	295元/kg
		崇明乳鸽	400g/只	245元/kg

数据来源：作者调研数据

（四）肉鸽产品消费南北差异大

南方地区销售更为广泛且价格相对较高。深圳市的肉鸽销售较为常见，且样式多、货量充足，能够较好地满足消费者的消费需求。而北京和上海销售肉鸽产品的零售终端非常有限。鸽子的销售量普遍不多，大多在日均个位数的水平。特别是北京市的销售终端，肉鸽销售多在高端精品超市或早晨的肉菜市场，销售终端十分有限。北京市肉鸽销售终端所销售的肉鸽多以无品牌的散装肉鸽为主，品牌肉鸽较为少见。销售肉鸽的超市数量非常少，而且有肉鸽销售的超市中，经常连续几天也卖不出去一只，甚至有的超市需要消费者提前进行肉鸽的预订，才会进行肉鸽的备货。

第四节　基于电商平台的肉鸽流通

一、调查方法与样本情况

本次研究是基于京东平台（https://www.jd.com/）的数据信息。数据的搜集首先选择京东平台的"京东生鲜"，然后进到"精选肉类"，再选择"新奇特"，最后选择"鸽肉"，共搜索到558个肉鸽产品信息（截至2019年12月12日）。

二、调查结果与讨论

由于存在同一品牌肉鸽在不同商家销售的情况，对搜索得到的样本按照品牌分类后，再根据各个品牌商品销售页面描述的相关信息，并通过平台与商家沟通交流，对肉鸽产品的产地、储存方式、包装材料、保质期、运输包装、物流等信息进行整理、分析，主要结果分析如下。

(一)品牌情况

对样本的分析表明,目前,京东平台销售的肉鸽品牌一共有81个。如图4-7所示,目前在京东商城的肉鸽品牌主要分布在10个省(自治区、直辖市),其中江苏省14个,浙江省7个,安徽省5个,上海市2个,北京市7个,河北省6个,广东省4个,山东省2个,河南省1个,宁夏回族自治区1个。

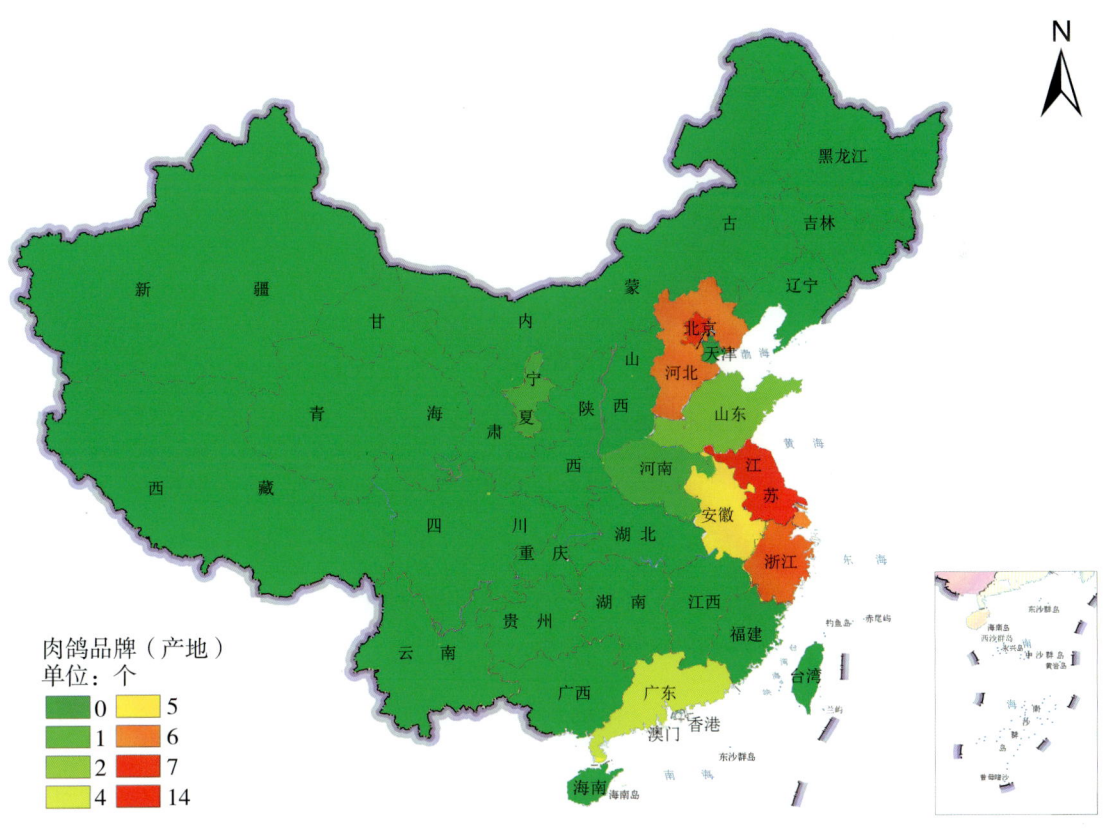

图4-7 京东肉鸽品牌(产地)分布示意图

(二)肉鸽规格

从出栏日龄来看,558个样本中有426个乳鸽样本,占总样本的76.3%;132个老鸽样本,占总样本的23.7%。样本产品中既有22~28天出栏的乳鸽,也有3~5年淘汰的老鸽,这两种肉鸽产品都占样本的33.3%,22~28天出栏的乳鸽由于肉质鲜嫩,适合腌制、烤制和酱制;生长3~5年的老鸽产蛋和孵化能力都已退化,属于淘汰鸽,但营养价值高,适合煲汤(张少永,2011)。样本中还有1~2年的肉鸽,占全部样品的8.3%(图4-8),其余产品没有注明具体肉鸽出栏日龄。

在调研过程中随机购买10个品牌的共10个肉鸽产品样本,在收到的样本中只有1个样本的产品包装上明确标有检疫合格证书,以及产品名称、规格、生产日期、保质期、生产者名称、地址等与产品密切相关的信息;而其余90%的产品外包装简陋,既无检疫合格证书,也没有产品的其他相关信息。

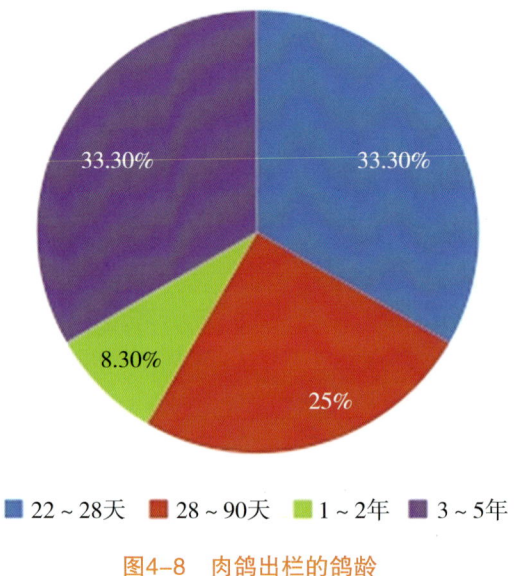

图4-8　肉鸽出栏的鸽龄

从重量来看,肉鸽的重量介于200～600g/只。总体来看,老鸽重量普遍高于乳鸽,67.2%的乳鸽样本的重量介于250～350g/只;89%的老鸽重量在300～450g/只,其中,42.1%的老鸽重量在400～600g/只。

（三）包装与产品信息

在所有的81个品牌中,有61个品牌的肉鸽在屠宰过后经过快速冷冻保存一段时间过后在冷冻的状态下发送到消费者手中,有19个品牌的肉鸽在屠宰过后不经任何冷冻处理只使用冰袋进行控温保存发送到消费者手中,有1个品牌没有说明肉鸽是否进行过低温处理。本次调查样本的肉鸽包装有普通塑料包装和真空包装,其中,绝大部分样本选用普通真空包装方式,占全部样本的86.4%;有9.1%的样本选用普通包装、牛津布保鲜袋、真空铝箔袋等包装方式（图4-9）。

在运输过程中大部分品牌选用冰袋、泡沫保温箱的组合方式来保证运输中的低温状态,这也是生鲜电商目前采用的主流方式,如图4-9所示。有23个品牌选择冰袋+泡沫保温箱的形式进行运输包装,有21个品牌选择冰袋+保温盒+泡沫保温箱的形式进行运输包装,有1个品牌选择冰袋+保温盒+环保箱的形式进行运输,同时还有36个品牌没有在销售页面告知使用哪种包装形式进行运输包装。

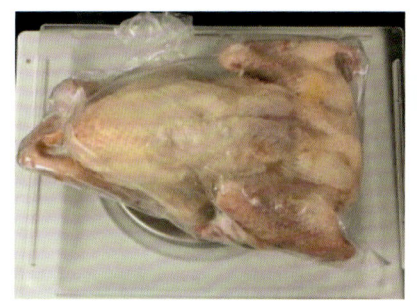 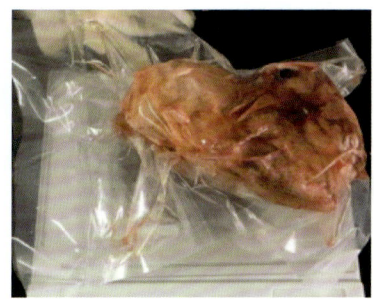 

图4-9　肉鸽产品包装

（四）物流和配送

通过调查发现，目前在京东平台生鲜电商主要选择顺丰或京东快递进行配送，两个快递的配送方式有所区别。两种快递模式为：第一种为"上门取件→快递站→中转站→干线运输→中转站→快递站→消费者"模式，如图4-10所示；第二种为"集中仓储→快递站→消费者"模式如图4-11所示。这两种方式是当前生鲜电商主要选择的仓储运输方式。

虽然使用第一种运输方式不需要建立物流体系，能够有效降低商家运营成本。但这种方式层层分级，物流效率低，在每个环节无法保证冷链的衔接稳定。通过调查发现，在包裹运输的"最先一公里"和"最后一公里"无法实现冷链运输，易导致生鲜产品因温度的波动产生品质变化。冷链运输过程中，冷藏集装箱内的产品各种各样且温度为恒定温度。然而每种生鲜产品有其特定的存储温度。统一冷链温度无法针对特定产品实行温度调控，容易导致运输过程中部分产品保鲜效果好、部分产品保鲜效果差的情况出现。

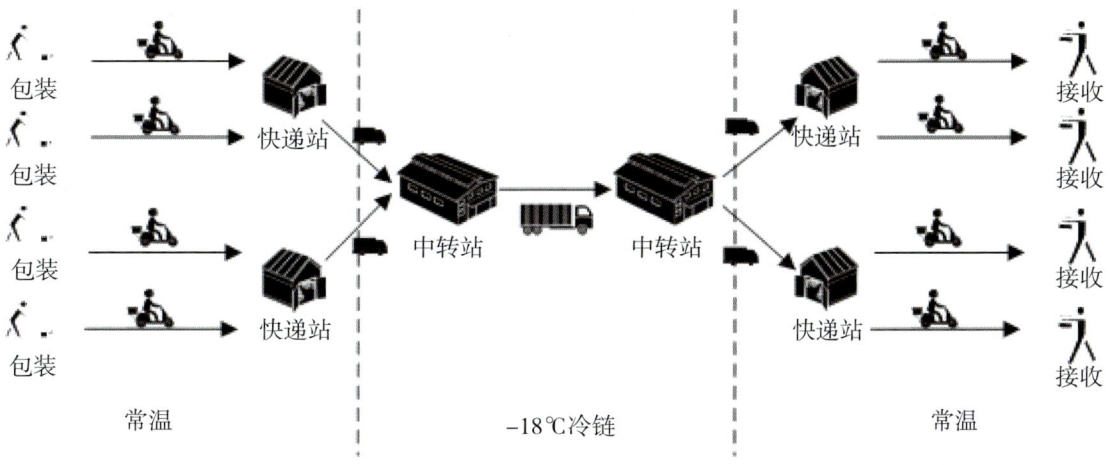

图4-10　第一种运输方式

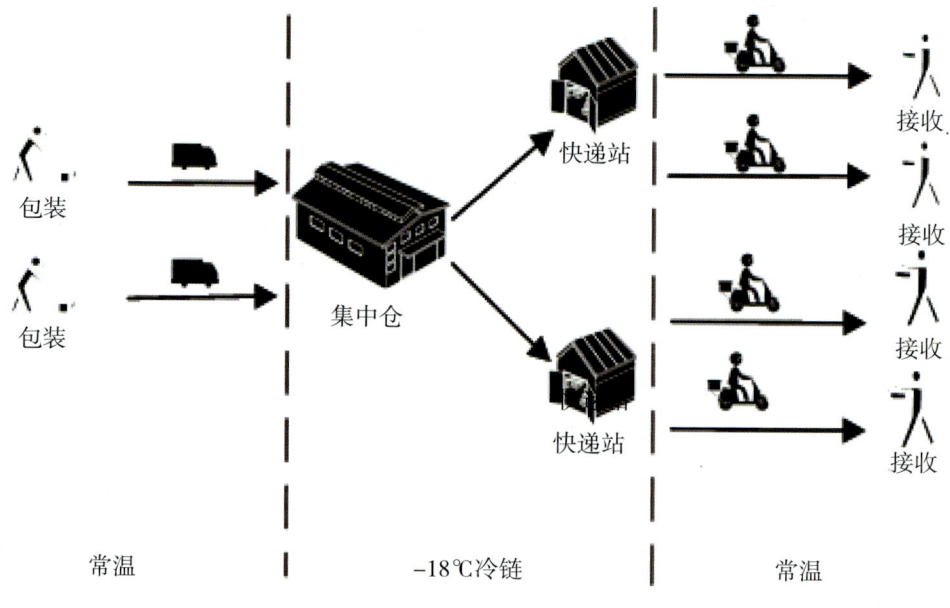

图4-11 第二种运输方式

第二种运输方式为商家将产品事先运送到在全国各地建立的仓库中储存，当消费者下单后，根据目的地选择就近的仓库发货运送到就近快递站点，通过配送员将快递送至消费者手中。这种方式能够有效降低快递层层分级的现象，提高快递派送速度，能够实现物流全程统一管理。但这种方式初期建设成本高，不适合中小商家选用，并且由于对可能的销量预期判断不准确，容易导致生鲜产品长期积压，延长生鲜产品冷冻时间，降低产品品质。同时，在配送的"最后一公里"，京东物流同样存在断链现象，常温派送使得产品品质无法得到保证。

通过调查还发现目前在电商平台进行销售的肉鸽产地主要分布在远离城市的山区、农村，但我国农村生鲜冷链建设还处于空白发展阶段，使得农村生鲜电商的发展受到制约。并且，农村地区多为小微型肉鸽卖家，资金技术有限，在配送方式的选择上，只能通过联合第三方物流公司进行运输，这样最终配送结果会受第三方快递的规模、配送方式、存储方式、配送时间等方面的影响。

在快递配送选择方面，有9个品牌为京东自营品牌，由京东冷链物流进行配送，占所有品牌的11.1%。有22个品牌选择使用顺丰冷运，占所有品牌的27.2%。28个品牌选择顺丰快递进行配送，占所有品牌的34.6%。1个品牌选择专业生鲜速递公司进行配送，占所有品牌的1.2%。另外还有21个品牌没用具体说明使用的快递方式，占所有品牌的26%，如图4-12所示。

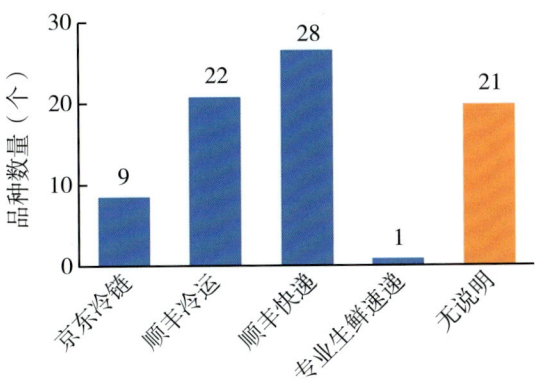

图4-12 运输方式

(五)肉鸽价格

肉鸽的销售有1~3只包装,价格也是对应相应的数量和重量。为了便于比较分析,将样本鸽肉的价格统一换算为每千克的价格。

样本中肉鸽的价格最低49.5元/kg,最高649元/kg,差价为599.5元/kg。其中57.8%的样本价格介于50~150元/kg。

乳鸽的价格介于49.5元/kg到633元/kg,差价为583.5元/kg。其中大多数肉鸽价格介于50~150元/kg,占样本总量的63.2%。

老鸽的价格介于60~649元/kg,差价为589元/kg。其中大多数肉鸽价格介于60~150元/kg,占样本总量的52.9%。

可见,老鸽的价格普遍高于乳鸽。乳鸽和老鸽每千克的最大价格差分别为583.5元和589元,而且人们比较喜欢购买价格在50~150元/kg的肉鸽,其样本个数为74,占总样本数的57.8%。

第五章　肉鸽产品国际贸易与比较优势分析

第一节　世界肉鸽贸易格局

世界肉种鸽和鸽肉贸易数据极其不对称。很多国家和地区并没有单独统计/上报肉种鸽和鸽肉贸易，即使是统计/上报肉种鸽和鸽肉贸易的国家和地区，也并不完整。例如，很多进口国家和地区都有从美国进口鸽和鸽肉贸易数据，但美国并没有活鸽和鸽肉的出口数据；比利时的出口市场表明日本是其肉种鸽的主要市场之一，但日本进口数据却表明2013年之后并没有肉种鸽的进口。诸如此类的信息不对称在肉种鸽和鸽肉贸易中非常普遍。因此。以下关于肉种鸽和鸽肉贸易的分析并不全面，只能在一定程度上反映国际市场肉种鸽和鸽肉贸易的大致情况。

一、肉种鸽的贸易

（一）世界肉种鸽的贸易增长很快，但呈现减少的趋势

根据联合国贸易数据，2002—2013年参与肉种鸽贸易主要国家和地区的贸易额一直快速增加，但从2013年至今，波动较大，并且呈现减少的趋势。

肉种鸽的进口表现出相同的规律，2013年主要国家和地区肉种鸽出口合计增加到2 013.9万美元，是2002年320.4万美元的6.4倍；到2017年为1 347.1万美元，比2013年减少了22.9%；2013年主要国家和地区肉种鸽进口从2002年70.8万美元一直增加到1 413.2万美元，但和出口一样，此后便开始减少，到2017年只有98.4万美元，比2013年减少了30.4%（图5-1、图5-2）。

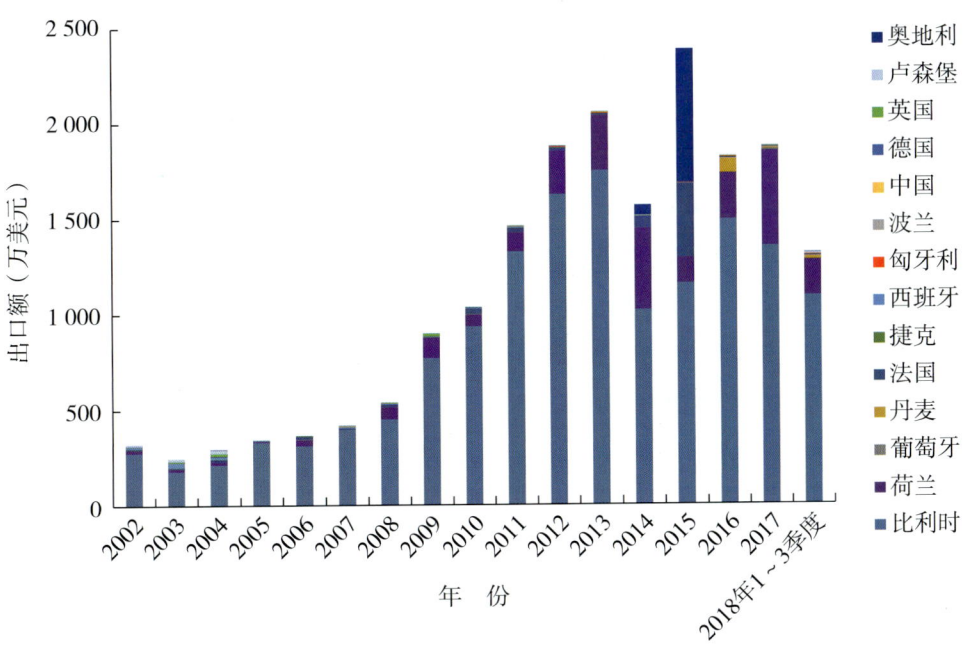

图5-1 世界肉种鸽出口情况

注：2018年只有1~3季度数据，非全年数据，在图中表现下降较多

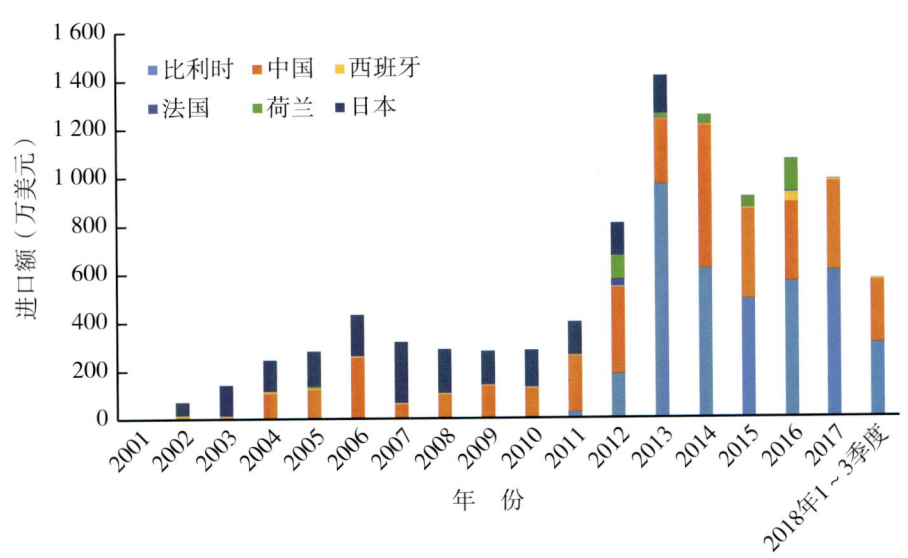

图5-2 世界肉种鸽进口情况

数据来源：联合国贸易数据库；2018年只有1~3季度数据，非全年数据，在图中表现下降较多

（二）参与世界肉种鸽贸易的国家并不是很多

比利时、荷兰、葡萄牙、丹麦、法国、捷克、西班牙、匈牙利、波兰、中国、德国、英国、卢森堡和奥地利等是联合国贸易数据库里有肉种鸽出口的国家和地区。上述国家和地区在2017年共出口1 870万美元，是2002年320.4万美元的5.84倍。除了比利时，参与出口的其他国家和地区肉种鸽出口都有不同程度的增加，尤其是丹麦、卢森堡和中国呈现出明显的增加趋势。

相比于出口，进口肉种鸽的国家和地区较少。根据联合国贸易数据库的统计资料，参与肉种鸽进口有比利时、中国、西班牙、法国、荷兰和日本，奥地利只在2014年和2015年分别进口过55万美元和416.5万美元的肉种鸽，其他年度并没有进口记录。

值得注意的是，比利时既是最大的出口国，也是最大的进口国，对世界肉种鸽出口影响最大。世界肉种鸽出口的增加或者波动，无不都是受比利时出口的影响。2017年比利时肉种鸽出口额达到1 347.1万美元，是2002年的276.4万美元的4.87倍，占上述主要出口国家和地区总量的72.0%；2018年前3个季度，比利时的出口额依然很高，达到1 087.9万美元；世界第二肉种鸽出口国是荷兰，2017年出口额为500.4万美元，是比利时的37.1%；与上述两个国家相比，其余国家的出口都微乎其微（表5-1）。

比利时的出口市场非常广泛，但集中度很高。目前，比利时的肉种鸽销往世界65个国家和地区，除了欧洲、亚洲市场，还有北美的加拿大。但比利时肉种鸽最大的出口市场是中国，其次是日本。我国国内一直从比利时进口大量的肉种鸽，2012年进口额最高，为1 296.1万美元；最近几年，中国台湾地区从比利时进口的肉种鸽的数量迅速增加，2017年的进口额为708.2万美元，而2010年其只有2.8万美元。日本是比利时的第二大贸易伙伴，2017年从比利时进口肉种鸽182.2万美元，接近我国国内的进口额。

表5-1 比利时的肉种鸽净出口情况 （万美元）

国家或地区	2002	2005	2006	2008	2009	2010	2011	2012	2013	2014	2015	2016	2017
中国	164.5	208.0	132.7	127.6	460.2	695.4	991.5	1356.3	1496.1	739.4	808.9	1188.1	897.1
日本	84.6	92.3	130.4	155.9	140.3	75.9	94.8	93.3	163.8	148.8	182.9	184.0	182.2
新加坡	0	0.2	0	20.2	0	0	0	0	0	0	0	0.1	82.1
泰国	0	0.2	0.3	1.7	10.3	3.0	3.3	8.4	3.5	0.9	14.1	6.6	76.6
科威特	1.2	0.3	0	2.6	0.6	0	0	0	1.7	61.4	50.4	42.8	21.0

（续表）

国家或地区	2002	2005	2006	2008	2009	2010	2011	2012	2013	2014	2015	2016	2017
加拿大	2.4	1.4	0.3	2.1	2.2	0	0	2.0	52.3	36.6	40.9	21.7	20.0
菲律宾	0.5	1.0	2.4	84.2	111.5	134.6	204.4	138.4	7.5	0	8.0	0.3	15.2
荷兰	0.2	0.4	0.1	0.9	0.2	0.1	−12.8	−82.1	−515.3	−334.7	−284.0	−315.2	−454.4
英国	3.3	0.9	0	0.3	0.4	0	1.7	−6.2	−65.9	−86.0	−5.26	−114.5	−46.5
德国	10.6	12.8	20.1	10.6	13.8	9.5	6.6	−44.6	−295.6	−138.4	−89.5	−82.6	−43.8
葡萄牙	0.9	0.4	0.3	1.3	1.1	1.0	0.6	0.4	−16.6	−11.9	−1.1	−7.1	−11.3
西班牙	1.4	3.4	4.5	2.8	3.7	3.0	2.1	1.1	−4.3	−2.9	−6.3	−4.7	−10.7
波兰	0.1	0.2	0.5	0	0	0	0	−5.7	−2.6	−9.1	−8.9	−10.5	
法国	0	0	0	7.0	0.1	0	−0.5	−24.3	−10.5	−9.0	−24.6	−8.2	−9.0
合计	276.4	329.3	311.6	448.3	769.2	933.9	1 299.8	1 441.3	781.1	402.0	666.1	928.4	740.5

注：中国肉种鸽进口统计数据显示，近几年台湾省占比很高，其他省份进口较少

二、鸽肉贸易情况

（一）鸽肉是肉类国际贸易的小众产品，但却在其他肉类出口增长中占有重要地位

从2001年至今，鸽肉出口量占全球肉类出口的比重一直没有超过0.04%。到2019年，世界主要国家出口鸽肉合计2 671.9万美元，不到世界肉类总出口1 352.0亿美元的0.02%。

世界鸽肉出口数量虽然没有发生显著的增长，但在肉类出口增长中表现突出。2019年全球主要国家鸽肉出口量从2001年188.6万kg增加到2019年433.9万kg，增加了91.9%；而同期世界肉类（海关编码02）出口量从2001年的1 508.0万t降到2019年的1 421.7万t，减少了5.72%。

世界主要国家鸽肉出口额也没有发生显著的增长，2019年全球主要国家鸽肉出口额从2001年1 330.2万美元，增加到2019年的2 671.9万美元，只增加了100.9%；而同期世界肉类出口额从409.2亿美元，增加到1 352.0亿美元，增加了230%。鸽肉出口额年平均增长率为3.95%，低于世界6.87%的肉类出口额年均增长速度，但高于其他肉类（海关编码0208）和鲜、冷、冻马、驴和骡等肉（海关编码0205）。

（二）参与鸽肉贸易的国家和地区非常有限

世界鸽肉出口的10个主要国家和地区是中国、法国、德国、泰国、比利时、纳米比亚、荷兰、意大利、捷克和奥地利（表5-2）。2009年，我国第一次超过法国，成为世界第一鸽肉出口大国，2019年我国鸽肉出口2 079.0万美元，占上述10个国家出口量的77.8%；法国出口鸽肉442.9万美元，只占上述10个国家和地区出口总量的16.6%。主要出口国家和地区是比利时、德国、英国、日本和西班牙。但自2017年第三季度以后，西班牙基本停止了鸽肉的出口。

表5-2 世界主要国家和地区鲜、冷或冻的乳鸽肉及其杂碎出口情况　　　　（万美元）

国家或地区	2001	2005	2009	2010	2015	2016	2017	2018	2019
中国	121.6	531.7	823.7	1 048.9	1 105.2	965	1 246.8	1 963.2	2 079
法国	530.8	742.4	798.6	570	409.8	449.6	464.2	466.3	442.9
德国	0	5.5	15.3	14.9	21.2	24.8	31.8	51	52.6
泰国	65.3	71.1	32.5	43.4	17.6	14.4	13.8	34.5	30.8
比利时	58.3	23.4	34.9	22.6	35.8	47.2	38.2	39.6	25.5
纳米比亚	0	249.5	313.8	221.9	359.3	121.5	64.1	6.7	18.4
荷兰	2.7	0.5	10	11.1	11.2	12.7	13.2	17.6	14.4
意大利	7.1	13.2	7.1	2.7	0.6	9.4	11.4	14.3	2.8
捷克	1.2	0	0.4	0.4	2.0	2.0	1.4	1.4	1.8
奥地利	0.6	0.5	1.2	1.3	1.5	1.6	1.3	1.7	1.3
巴西	19.2	88.2	133.4	257.9	8.6	0	2.2	0.8	1.1
丹麦	0	4.1	1.4	1.7	0.4	0.9	2.5	0.6	0.6
英国	263.3	280.0	9.5	21.0	14.0	16.1	7.4	0.2	0.4
西班牙	0.9	1.2	219.5	146.5	305.6	0.4	0.3	0.2	0.3
总计	1 071	2 011.3	2 401.3	2 364.3	2 292.8	1 665.6	1 898.6	2 598.1	2 671.9

进口鸽肉的10个主要国家和地区是中国香港、比利时、德国、荷兰、英国、西班牙、法国、奥地利、卢森堡和奥地利等。2018年，上述十个国家和地区共进口鸽肉1 048.4万美元，其中，以中国香港进口额最多，为844.1万美元，占上述10个国家和地区进口总额的80.5%，占世界总进口2 640.9万美元的24.5%（表5-3）。

表5-3 世界主要国家和地区鲜、冷或冻的乳鸽肉及其杂碎进口情况　　　（万美元）

国家或地区	年份						
	2001	2005	2010	2015	2016	2017	2018
中国香港	648.2	490.0	379.1	440.8	384.7	611.8	844.1
比利时	246.8	293.8	396.7	544.9	601.6	549.1	492.5
德国	0.0	76.8	101.0	106.5	99.2	119.3	126.6
荷兰	13.2	16.9	40.7	278.2	46.3	42.0	44.5
英国	23.4	58.7	115.9	75.7	66.3	64.9	58.0
西班牙	22.4	44.6	30.7	15.3	42.6	57.7	50.5
法国	40.8	20.4	82.3	47.5	57.3	47.9	57.3
意大利	12.0	11.8	12.1	24.6	33.2	38.3	45.7
卢森堡	13.5	38.6	18.8	34.4	37.8	32.1	30.7
奥地利	28.1	87.7	38.3	30.6	26.2	22.7	19.7
总计	1 710.5	1 700.5	1 627.1	2 055.1	1 794.9	2 227.0	2 640.9

（三）鸽肉贸易区域化特征明显

世界鸽肉的出口主要发生在亚洲和欧洲，其中，亚洲的进出口主要发生在中国香港地区和中国内地之间，欧洲的进出口主要发生在欧盟内部成员国之间。我国是世界鸽肉出口最多的国家，但主要是供应中国香港和中国澳门（图5-3），其中，以中国香港为主，占全部出口额近90%；法国是欧洲最大的鸽肉出口国，2010年以前，几乎全部销往欧洲内部国家和地区（图5-4），近20年来，市场逐步扩大，但仍然主要是在欧洲地区，到2019年，出口总额442.9万美元中的83.8%约371.0万美元是欧洲内部国家和地区之间的贸易额。

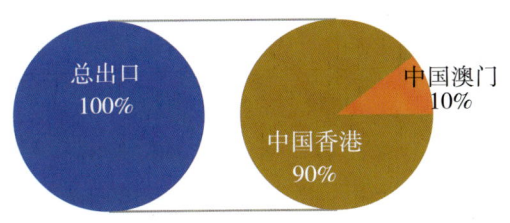

图5-3　2019年中国冷鲜和冷冻鸽肉出口去向

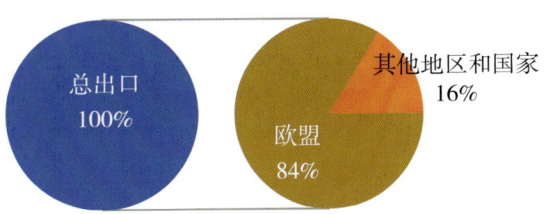

图5-4　2019年法国冷鲜和冷冻鸽肉出口去向

第二节 我国肉鸽产品贸易情况

一、我国参与国际贸易的肉鸽商品结构和作用

(一)参与国际贸易的肉鸽商品结构

按照海关编码及分类,我国参与肉鸽贸易的产品为食用活乳鸽和鲜、冷或冻的乳鸽肉及其杂碎。如无特别说明,以下鸽肉都是指鲜、冷或冻的乳鸽肉及其杂碎。

我国居民,尤其是香港、澳门和广东地区素有活鸽现食现宰的习惯,根据海关的统计数据,从2002年开始,直到2017年第一季度,我国内地一直供应香港和澳门市场可食用活乳鸽。

2002年,中国国内出口活乳鸽203.8万美元,鸽肉107.6万美元,分别占全部肉鸽商品出口总额的34.6%和65.4%(图5-5);2003年活乳鸽和鸽肉都有明显增加,但活乳鸽增加的更快,出口额达到209.8万美元,占全部肉鸽商品出口的41.4%。由于高致病性禽流感的频繁发生,国内的活禽市场逐渐关闭,内地供港的活乳鸽也受到影响,活乳鸽的出口频繁波动,到2016年,活乳鸽和鸽肉出口额分别为266.9万美元和965.0万美元,分别占全部鸽肉商品出口额的21.7%和78.3%。自2017年第二季度起,我国不再出口活乳鸽。

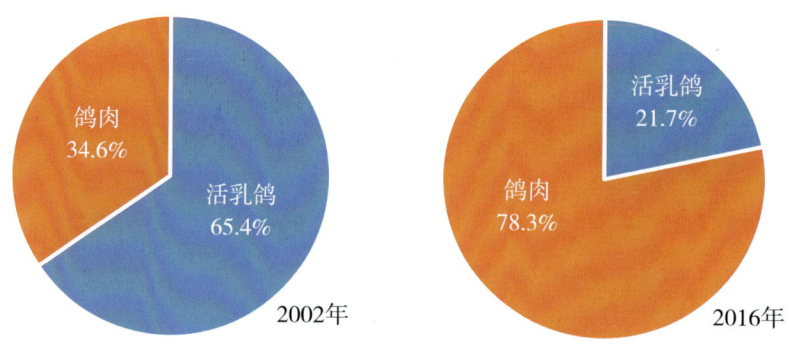

图5-5 肉鸽商品出口情况

(二)肉鸽产品在我国农产品贸易平衡和出口创汇中具有一定的地位和作用

(1)食用活乳鸽一直是为数不多的贸易顺差的活禽之一。据ITC的数据,2002到2016年(2017年我国停止出口活乳鸽),在其他禽类、其他活动物总体贸易逆差的情

下，我国食用活乳鸽的贸易顺差呈增长趋势（图5-6），2016年食用活乳鸽出口创汇266.9万美元，在出口创汇和国家农产品贸易平衡中具有重要的地位和作用。

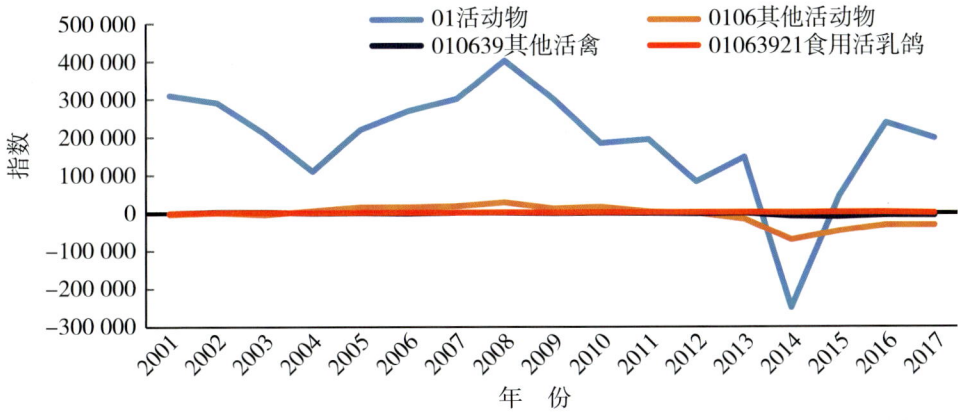

图5-6 我国食用活乳鸽出口情况

（2）我国是鸽肉及其杂碎的纯出口国。据ITC的统计，自2007年以来我国肉品一直处于贸易逆差，而且逐渐增大。到2019年，我国肉类贸易逆差179.9亿美元，只有包括鸽肉在内的其他肉类（HS0208）属于贸易顺差产品。

我国鸽肉的出口量不大，占全部肉出口的比重也很小，是我国肉类出口中极其小众的产品。鸽肉属于为数不多的创汇动物产品之一，在出口创汇及国际肉品贸易平衡中发挥了一定作用。到2019年我国鸽肉净出口增加到2 079.0万美元，占其他肉类净出口额374.9万美元的55.5%（表5-4）。

表5-4 我国肉品的贸易平衡情况 （万美元）

HS编码	产品名称	年份						
		2001	2005	2010	2015	2017	2018	2019
02089021	鲜、冷或冻的乳鸽肉及其杂碎	121.5	531.7	1 048.9	1 105.2	1 246.8	1 963.2	2 079
020890	其他鲜、冷、冻肉及食用杂碎冻肉及食用杂碎	5 827.3	3 364.5	5 130.9	3 821.3	4 029.4	4 629.3	3 749
02	肉及食用杂碎	24 280.9	15 608.3	-123 040.4	-574 067	-856 864.8	-1 000 000	-1 800 000

二、我国肉鸽产品出口数量和金额

（一）食用活乳鸽的出口

我国可食用活乳鸽出口一直在波动。从海关的统计数量看，从2010年起，我国可食用活乳鸽出口量就开始呈现下降趋势。2010年出口量773.3t，经过之后两年的减少，2013年稍微回升到612.5t，2014年就大幅度减少到406.9t，到2017年我国出口可食用活乳鸽只有61.7t，并且从2017年的第二季度就不再出口可食用活乳鸽。

从金额来看，海关有关可食用活乳鸽出口的统计显示，2002年，我国出口可食用活乳鸽为203.8万美元，2003年稍微有所增加，但2004年骤减39%，只有127.4万美元的出口额；2012年达到历史最高水平，282.5万美元；之后便开始减少，到2017年我国出口可食用活乳鸽只有29.6万美元，并且从2017年的第二季度就不再出口可食用活乳鸽（图5-7）。

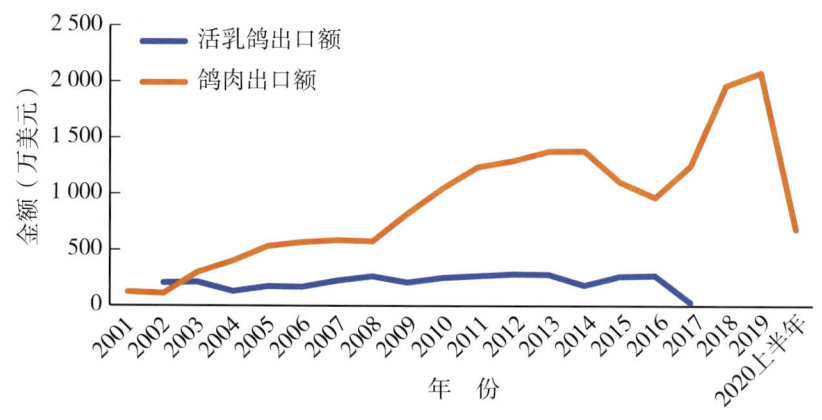

图5-7 我国肉鸽商品出口金额

注：2020年只有上半年累计数据，非全年数据，在图中表现下降较多

（二）我国鸽肉出口波动增长

近20年来，我国鸽肉出口总体上是在波动中增长。从出口量看，2001—2019年，我国鸽肉出口从662t增加到4 007t，增加了5倍多；从出口额看，2019年我国鸽肉出口2 079万美元，是2001年1 216万美元的17.1倍。

不断发生的禽流感和疫情导致鸽肉出口波动频繁。其中，2007年、2010年、2015年和2019年，鸽肉出口量分别出现了较大幅度的减少（图5-8），2015年鸽肉出口2 798.6t，比2014年的3 651.2t减少了23%外；2016年、2017年乳鸽出口稳定增长。

到2017年，共出口4 208.1t，比2016年增加了31%，比2013年增加17%，是2010年的662.0t的6倍多；受2019新型冠状病毒肺炎（COVID-19）疫情的影响，2020年，鸽肉出口的出口锐减，2020年上半年鸽肉出口只有1 249.3t，比去年同期减少524.4t，减少近30%。

出口额的波动幅度较大。鸽肉出口增幅最大的一年是2003年，比2002增加了176%，另外两个增加较大的年份是2009年和2018年，分别比前一年增加43%和57%；2015年和2016年鸽肉出口连续减少，分别比上一年度减少20%和13%。在经历2017年和2018年较大反弹之后，在2018年增幅57%的基础上，2019年鸽肉出口继续增加6%，达到出口鸽肉2 079万美元的历史最高水平。然而，受COVID-19疫情的影响，2020年上半年鸽肉出口金额只有684.1万美元，是去年同期888.3万美元的77.0%。

图5-8 我国乳鸽商品出口数量

注：2020年只有上半年累计数据，非全年数据，在图中表现下降较多

三、出口市场结构

我国乳鸽商品主要出口到中国香港和中国澳门地区，因此，与其说我国乳鸽出口情况，不如说"内地对港澳地区的乳鸽供应"更为合适。

（一）可食用活乳鸽的出口市场

由于产品的特性，我国可食用活乳鸽一直仅供应中国香港和中国澳门地区。2002年，中国澳门从内地进口活乳鸽84.9t，占内地出口总量的41.7%，到2004年就超过了50%，此后一直增加，到2014年占到内地可食用活乳鸽出口总量406.9t的73%，此后几年比例虽然略有降低，但我国内地可食用活乳鸽出口总量的60%销往中国澳门地区（图5-9）。

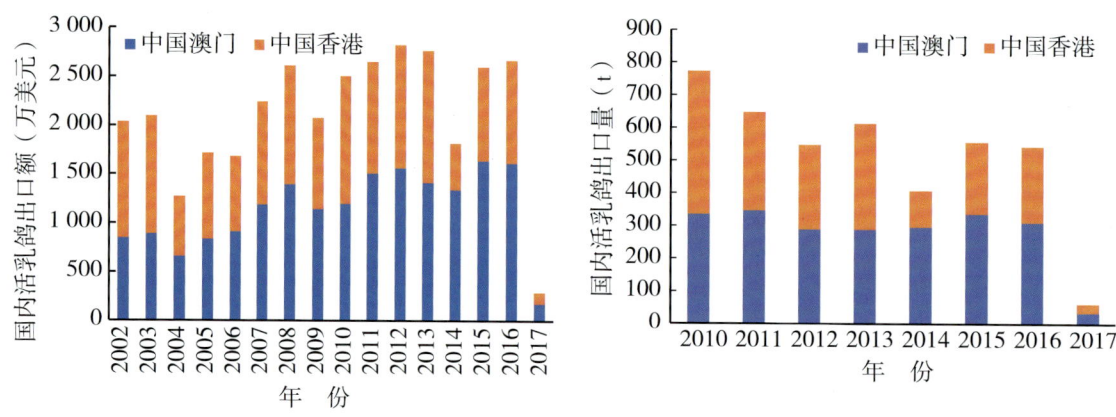

图5-9 我国可食用活乳鸽的出口去向

（二）中国香港和中国澳门是国肉鸽肉出口的主要地区

2009年以前，国内还出口少量鸽肉到马来西亚、泰国、日本、印度尼西亚等其他周边国家，但在2003年"非典"以后，尤其是2009年H1N1流感病毒疫情之后，我国鸽肉出口就仅限于供应中国香港和中国澳门。

进一步的数据分析表明，我国鸽肉出口以中国香港为主，但供应中国澳门地区的比重呈现增加趋势。2001年，中国香港市场占内地全部出口量的79.0%，但之后，我国鸽肉出口量的89%以上都是供应中国香港地区（图5-10），其中，2006年高达98.6%，2019年出口到中国香港地区371.3t，占内地全部出口量的92.7%；2017和2018年，内地供中国澳门地区鸽肉数量超过内地出口总量的10%以上，2019年虽然有所回落，但也达到7.3%，比2002年的3.6%提高了3.7个百分点。

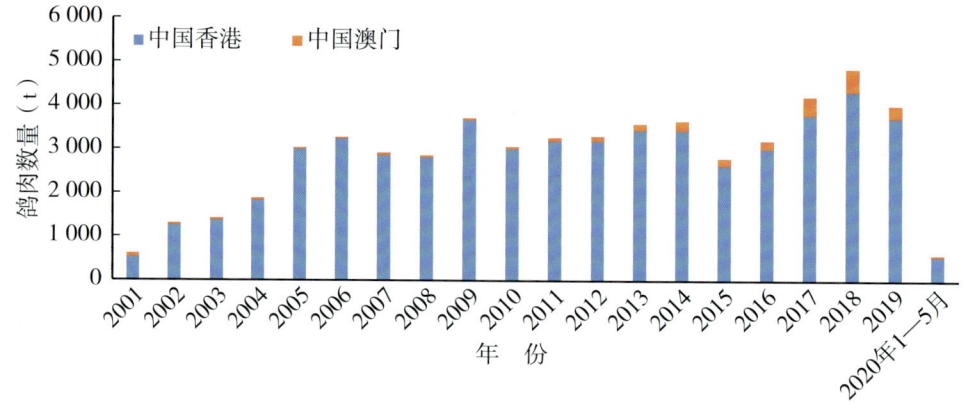

图5-10 我国内地供应中国港澳地区鸽肉数量

注：2020年只有1—5月数据，非全年数据，所以图上表现下降较多

四、我国活乳鸽的出口价格

（一）我国鸽肉出口具有显著的区位和价格优势

中国香港和中国澳门是世界主要的鸽肉进口市场，我国内地具有显著的区位优势，并带来显著的价格优势。

2013—2017年国际主要鸽肉出口国的价格以法国为最高，其次是荷兰、英国。2017年西班牙鸽肉出口价格发生了巨大的变化，从2016年的8.6美元/kg增加到19美元/kg，超过了法国（图5-11）。

以中国香港市场为例，内地供应中国香港的冷冻鸽肉的价格2011年是3.22美元/kg，只有法国的10美元/kg的32%，2014年只是法国19美元/kg的10%；内地供应中国香港市场冷鲜鸽肉的价格更是具有显著的价格优势，除了2001年和2002年，中国内地供应中国香港冷鲜鸽肉的价格都不到法国价格的1/10，2014年中国内地供应中国香港冷鲜鸽肉价格1.38美元/kg，只有法国价格的6.6%（图5-12、图5-13）。

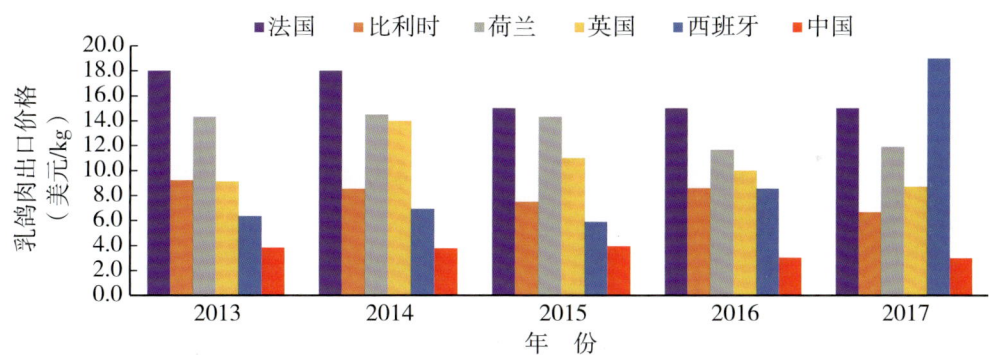

图5-11 世界主要出口国鸽肉出口价格

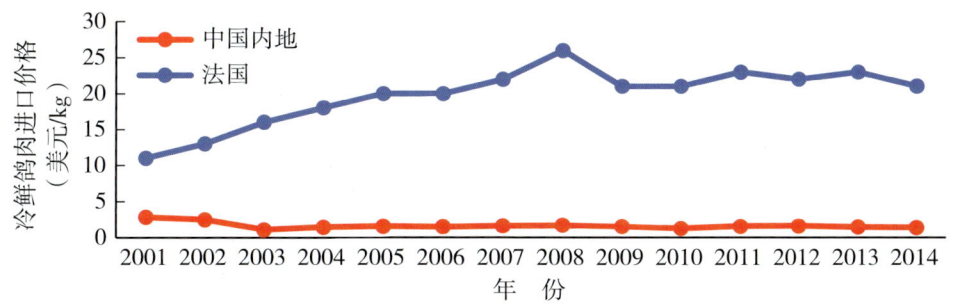

图5-12 中国香港市场冷鲜鸽肉的进口价格

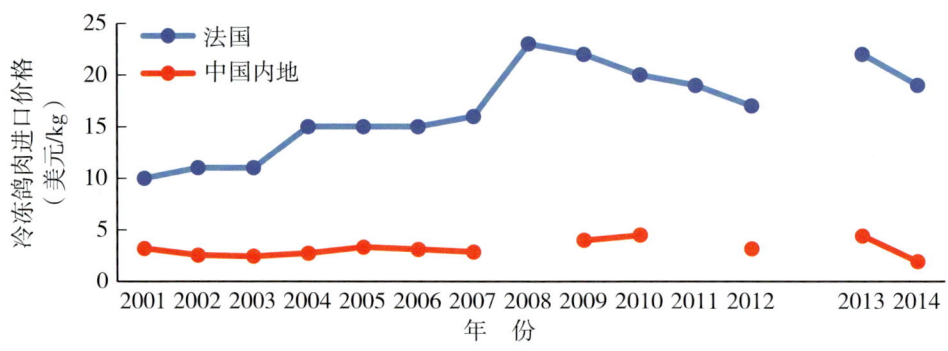

图5-13 中国香港市场冷冻鸽肉的进口价格

（二）从价格上看，内地供应中国港澳市场的鸽肉价格是有差异的

我国活乳鸽的出口价格一直不高。2017年出口价格不仅比2016年的3.01美元/kg低，也低于2013年的3.84美元/kg（图5-14）。

内地供应中国香港和中国澳门的可食用活乳鸽存在明显的价格差异。2010—2017年，内地可食用活乳鸽销往中国澳门地区的价格一直高于中国香港，到2017年，中国澳门地区的单价是5.23美元/kg，比中国香港地区的4.26美元/kg高23%。

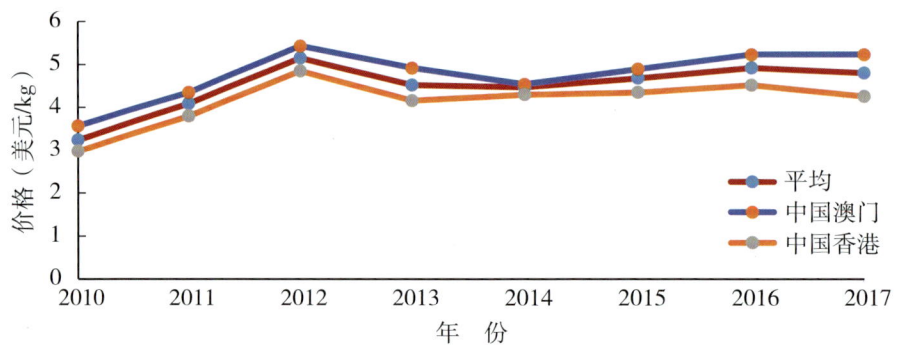

图5-14 我国可食用活乳鸽的出口价格

供应中国澳门市场的鸽肉价格一直高于中国香港市场。2002年，内地供应中国澳门市场的鸽肉价格为2.42美元/kg，是中国香港价格0.75美元/kg的3.23倍；近几年价格差距有所减小，2020年1—5月，内地供应香港和澳门市场的鸽肉价格分别为5.42美元/kg和7.31美元/kg，相差34.8%（图5-15）。

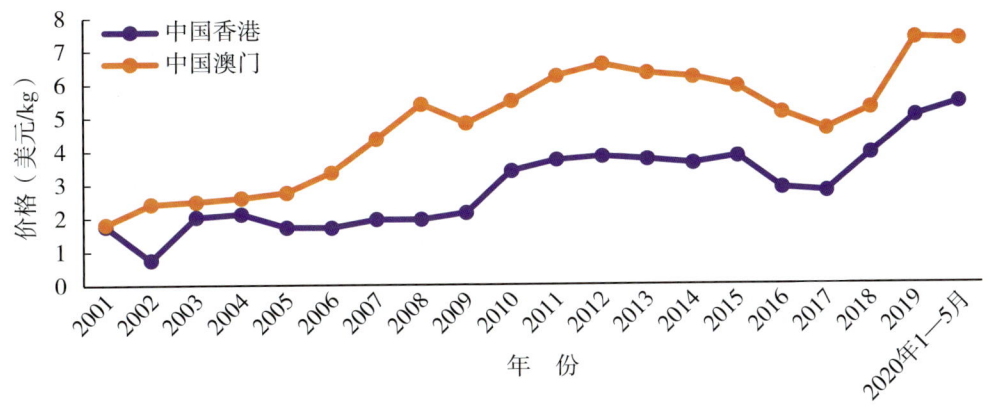

图5-15　我国内地供应中国港澳地区鸽肉价格

第三节　鸽肉出口比较优势分析

一、比较优势测算方法

考虑到测算的现实意义和比较的有效性，本研究选用国际市场出口占有率（IMS）和显示性对称比较优势指数（RSCA）两个指标，对中国鸽肉出口的比较优势和国际竞争力进行了测算和分析。

（一）国际市场出口占有率指标

国际市场出口占有率指标反映了一国某产品出口值占世界该产品出口总值的比率，即一国某产品在世界市场上的规模和强度。IMS代表出口占有率，其计算方法如下：

$$IMS = X_{ij} / W_j$$

式中，i代表国家；j代表产品；X_{ij}代表i国j产品的出口总值；W_j代表国际市场j产品的出口总值。

IMS值越大，表明i国j产品出口规模越大，越具有比较优势，反之则越弱。

（二）显示性对称比较优势指数

自Balassa于1965年首次使用"显示性比较优势"（RCA）测量方法以后，作为衡量国际贸易专业化的一种有效方法，RCA在无数的研究报告（UNIDO，1986；世界银行，1994；OECD，2011）和学术刊物（Aquino，1981；Crafts and Thomas，1986；van Hulst et al，1991；Lim，1997）中被广泛使用。

然而，该方法越来越受到质疑，其最大的缺陷之一就是它不能代表正常状态。因为它在0和无穷大之间选择了"1"作为参照点，如果指标值从0到1，就说一国在某产业部门没有优势，而如果指标值从1到无穷大，就说该国在该部门具有比较优势，这种偏斜分配破坏了回归检验中的正态假定，也就不能提供可靠的t检验。因此，当指标值在参照点两侧，"纯粹的"比较优势指标基本上就没有可比性。

其次，在反映比较优势的变化趋势上，比较优势指标也有问题。与1以下的观察值相比，该方法在回归分析时更加看重1以上的值。例如，如果一个国家的比较优势指数从1/2提高到1，则在该期间该国的比较优势指数提高了两倍。同样，如果一国的比较优势指数从1提高到2，其比较优势指数也提高了两倍。然而，两者之间的绝对差距却分别是1/2和1。

"显示性比较优势"指标（Balassa，1965）的定义为：

$$RCA_{ij} = \frac{X_{ij}/\sum X_{ij}}{\sum X_{ij}/\sum\sum X_{ij}}$$

式中，RCA_{ij}代表i国j商品的"显示性比较优势"指数，分子是i国j产品的出口占该国全部出口商品的比重，分母指的是全世界i产品出口占世界全部商品出口的份额。因此RCA指标包含了一国出口结构与世界出口结构的对比。

因此，Dalum等（1998）对这一方法进行了改进。其精髓就是将一直沿用的"显示性比较优势"指标对称化，即：

$$RSCA_{ij} = (RCA_{ij}-1)\Big/(RCA_{ij}+1) = \left(\frac{X_{ij}/\sum X_{ij}}{\sum X_{ij}/\sum\sum X_{ij}}-1\right)\Big/\left(\frac{X_{ij}/\sum X_{ij}}{\sum X_{ij}/\sum\sum X_{ij}}+1\right)$$

公式中的符号含义同上，称为显示性对称比较优势指数（Revealed Symmetric Comparative Advantage或简单记为RSCA）。计算结果介于-1和1之间，如果对称性比较优势指数大于0，说明这一时期该国的专业化程度高于同一时期的平均水平，反之则相反。而且，比较优势越大，说明专业化程度越高。

本文对国际市场主要国家鸽肉比较优势的衡量也采用了该种方法。

二、测算结果与分析

（一）参与鸽肉国际贸易国家的比较优势差距悬殊

1. 中国和法国具有鸽肉出口的显著比较优势

从IMS指标来看，中国和法国具有明显的鸽肉出口比较优势，并且自2010年以后，中国的IMS指数超过法国，呈现出较强的比较优势；RSCA指数表现出同样的结果，2001年到2019年期间，法国的肉鸽出口RSCA一直高于0.70，具有显著比较优势；2016—2019年，我国肉鸽出口的RSCA为0.67，是世界上为数不多的具有肉鸽出口比较优势的国家之一。

2. 纳米比亚鸽肉出口也具有一定的比较优势

虽然纳米比亚肉鸽出口的IMS不是一直很高，但2004年到2019年期间，纳米比亚肉鸽出口的RSCA指数在0.97与1之间，具有显著的肉鸽出口比较优势。

3. 其他国家的鸽肉出口没有优势

虽然都是世界鸽肉贸易的主要国家，德国、奥地利、丹麦、捷克、意大利、荷兰和比利时等国家的鸽肉出口IMS和RSCA指数都较低，而且除比利时外，上述其他国际的肉鸽出口RSCA指数都在-0.80左右，可以说完全不具有肉鸽出口优势。

（二）国际市场鸽肉主要出口国家的比较优势呈现出不同的发展态势

1. 我国鸽肉出口的比较优势日渐提高

2016—2019年我国肉鸽出口的IMS指数和RSCA指数分别从2001—2003年的0.18、0.55提高到0.67，显著优势呈现增加趋势（表5-5、表5-6）。

2. 英国、泰国和巴西等国家鸽肉出口的比较优势一直呈下降趋势

除法国稳中有降外，其他国家的鸽肉比较优势基本都明显下降，尤其是英国在2001—2003年，英国鸽肉贸易的IMS指数和RSCA指数分别为0.24和0.29，具有一定的比较优势，但从2004年之后比较优势就开始快速降低，到2006—2019年就完全失去了比较优势；泰国在从2007年开始就失去了鸽肉出口优势，而巴西的肉鸽出口RSCA指数在2016—2019年之后就丧失了其原有的比较优势。

3. 西班牙鸽肉出口的比较优势波动很大,非常不稳定

2001—2003年、2004—2006年西班牙肉鸽出口RSCA指数为-0.92和-0.46,但之后表现出较强的比较优势,然而在2016—2019又完全失去了鸽肉出口的比较优势。

表5-5 世界主要国家鸽肉出口IMS

国家或地区	年份					
	2001—2003	2004—2006	2007—2009	2010—2012	2013—2015	2016—2019
中国	0.18	0.26	0.22	0.41	0.48	0.67
法国	0.39	0.36	0.30	0.18	0.18	0.20
德国	0.00	0.01	0.01	0.00	0.01	0.02
泰国	0.03	0.04	0.01	0.04	0.01	0.01
比利时	0.03	0.01	0.01	0.01	0.01	0.02
纳米比亚	0.00	0.09	0.10	0.07	0.13	0.02
荷兰	0.00	0.00	0.00	0.01	0.01	0.01
意大利	0.00	0.01	0.00	0.00	0.00	0.00
捷克	0.00	0.00	0.00	0.00	0.00	0.00
奥地利	0.00	0.00	0.00	0.00	0.00	0.00
巴西	0.02	0.04	0.05	0.05	0.01	0.00
丹麦	0.00	0.00	0.00	0.00	0.00	0.00
英国	0.24	0.10	0.00	0.01	0.01	0.00
西班牙	0.00	0.01	0.07	0.05	0.10	0.00

表5-6 世界主要国家鸽肉贸易的RSCA

国家或地区	年份					
	2001—2003	2004—2006	2007—2009	2010—2012	2013—2015	2016—2019
中国	0.55	0.55	0.42	0.59	0.59	0.67
法国	0.78	0.79	0.78	0.70	0.71	0.74
德国	-1.00	-0.90	-0.89	-0.89	-0.84	-0.65
泰国	0.42	0.56	-0.06	0.49	-0.21	-0.13
比利时	-0.12	-0.48	-0.43	-0.47	-0.33	-0.20
纳米比亚	-1.00	0.99	0.99	0.99	1.00	0.97
荷兰	-0.89	-0.97	-0.90	-0.70	-0.70	-0.71

（续表）

国家或地区	年份					
	2001—2003	2004—2006	2007—2009	2010—2012	2013—2015	2016—2019
意大利	-0.83	-0.69	-0.83	-0.96	-0.98	-0.75
捷克	-0.46	-0.97	-0.97	-0.93	-0.88	-0.87
奥地利	-0.93	-0.98	-0.94	-0.91	-0.91	-0.88
巴西	0.33	0.57	0.59	0.58	0.10	-0.93
丹麦	-0.88	-0.61	-0.76	-0.81	-0.92	-0.84
英国	0.69	0.46	-0.80	-0.62	-0.63	-0.81
西班牙	-0.92	-0.46	0.60	0.51	0.72	-0.99

三、主要结论

国际贸易数据表明，鸽肉是肉类国际贸易的小众产品，国际鸽肉贸易表现出明显的区域性特征；世界上参与鸽肉国际贸易的国家和地区非常有限，而且各个国家和地区鸽肉竞争优势存在很大差别和不同的发展态势。

我国是世界鸽肉出口的主要国家，具有显著的竞争优势，并且竞争优势呈现出不断提高的发展态势。未来需要加强对鸽肉出口目标市场消费和市场特征的细致研究，进一步拓展国外市场，同时，提高鸽肉加工水平和技术含量，提高鸽肉产品出口竞争力。

第六章 我国肉鸽产业科技发展与现状

第一节 种业科技发展

一、肉鸽种业现状与问题

（一）肉鸽种业现状

我国肉鸽养殖规模和养殖数量均为世界第一，在品种上，有国外引进品种、国内地方品种和国内培育品种3类。但是，多年来我国肉鸽种业一直跟不上发展需要，目前饲养的肉鸽品种仍然是以引自欧美等发达国家的品种为主。国内各个肉鸽养殖主产区都曾从国外引种，造成了目前品种杂乱的局面。早期，上海、广东先后从国外引入王鸽，随后我国还引入原产于法国和比利时的卡奴鸽，后期还引入泰克深鸽、欧洲肉鸽和法系的格里末鸽等，引进品种数量有10余个。引进之初大部分都是在炒种，没有进行有效选育；另外为了满足种源数量需求，广大鸽场只能利用简单的二元杂交（进口鸽种与本地鸽杂交）向市场推出，导致种群退化。

美国白王鸽

美国银王鸽

美国灰王鸽

泰克深鸽

白卡奴鸽

丹麦白王鸽

欧洲肉鸽

丹麦银王鸽

我国《中国畜禽遗传资源志·家禽志》中地方鸽品种有石岐鸽和塔里木鸽。石岐鸽又称中山石岐鸽，原产地为广东省中山市石岐镇，距今有约100年的历史。20世纪初，广东省中山市（前身香山县）的旅外华侨回国探亲时带回了王鸽、仑替鸽和大贺姆鸽等鸽种，与本地鸽杂交，并经当地养鸽人不断改良形成了目前的石岐鸽。广东省中山食品进出口有限公司石岐鸽场目前存栏石岐鸽约8万对，产品主要销往中国港澳和东南亚地区。目前全国饲养量约100万对，很多杂交品种如光华王鸽、良田王鸽、光明鸽等均含有石岐鸽的优良血统。塔里木鸽，原产于新疆塔里木盆地西部叶尔羌河与塔里木河流域一带，当地人称为土鸽，具有悠久的历史，是当地人对野鸽长期驯化形成的地方品种。塔里木鸽具有很好的抗逆性、抗病力和繁殖力，耐粗饲、觅食力强，目前仅在新疆当地饲养，处于农户自繁自养状态，养殖量约300万对。

石岐鸽公鸽　　　　　　　石岐鸽母鸽

塔里木鸽公鸽　　　　　　塔里木鸽母鸽

我国肉鸽品种培育于2019年取得突破，深圳市天翔达鸽业有限公司和广东省家禽科学研究所联合培育成我国第一个肉鸽专门化配套系（天翔1号肉鸽配套系）。

天翔1号父母代公鸽

天翔1号父母代母鸽

（二）肉鸽种业存在的问题

我国的肉鸽养殖起步晚，规模小，整个产业育种意识淡薄，没有种鸽和商品鸽的概念，代次不明晰。国内当前仅有2家肉鸽祖代场（江苏威特凯鸽业有限公司、深圳市天翔达鸽业有限公司），大多数情况下养殖户都是从没有供种资质的企业购买"种鸽"，导致存在购回的种鸽品种不纯的情况。现阶段我国肉鸽育种工作更是明显滞后于产业的发展，存在以下几方面问题。

1. 尚未建立一套成熟完整的育繁推一体化的鸽业繁育体系

由于缺乏完善的鸽业良种繁育体系，造成实际生产中近交繁殖的情况很普遍以及部分品种遗传性能不稳定的情况，直接的后果是导致后代适应性不断下降、生产性能大幅降低、抗病力明显下降，品种退化严重，繁育特征（特别是外观特征）不明确等问题。鸽种的养殖环境差异影响遗传性能的发挥，尽管亲鸽种质均佳，但由于后天生态条件发生变化，导致出现变异或者性状分离，表现出返祖现象及生产性能明显下降。此外，肉鸽品种（品系）名称杂乱，不少种鸽场实为养鸽场。

2. 尚未建立种鸽繁育测定的统一标准、技术指标体系和权威机构

由于鸽的育种研究远远落后于传统家禽，所以很多评价指标、名词术语也是套用传统家禽，大多参考农业行业标准，如《家禽生产性能名词术语和度量统计方法》（NY/T 823—2004）。但鸽有其特殊的生理生产习性，比如肉鸽配对生产、乳鸽需要亲鸽哺育、多年利用等，导致传统家禽遗传资源评价体系不能完全适用肉鸽。国内在

种鸽繁育测定方面尚未建立统一的测定标准，还没有一套行业公认和行之有效的技术指标体系，目前的家禽生产性能测定机构不能有效承担种鸽的繁育性能测定工作，针对种鸽的繁育测定能力不健全、权威性不够，导致鸽资源体型外貌描述简单同质化，体尺数据缺失、生产性能统计数据严重不足。

3. 对中国地方特色鸽种缺乏重视和投入

从目前鸽业的整体布局来看，由于缺少对我国地方培育鸽种的科研投入和足够重视，导致很多地方遗传资源没有得到足够的保护、开发与利用，没能成为区域品牌和区域主流，不能占据当地肉鸽业的主导地位。广东省年消费肉鸽3亿只左右，广东省的地方鸽种石岐鸽，多年来名气很大，但是在当地的市场占有率却不高。

此外，新疆塔里木鸽也是如此。2016年，在新疆科技厅科技计划项目的支持下，新疆喀什昆仑翠翎鸽业有限公司和广东省家禽科学研究所合作，系统地开展塔里木鸽品种选育和开发利用工作。和田地区策勒县2018年设立了"和田土鸽研究中心"，也开始重视塔里木鸽的研究工作。塔里木鸽是一系列当地土鸽的总称，鸽子大小和外貌相似，但没有完全一致的表现，因此加强塔里木鸽的研究，可以获取充足的育种素材。在新疆，由于塔里木鸽性能适合当前市场需求，产品受养鸽户欢迎程度高（图6-1）。

图6-1 塔里木鸽养殖情况

4. 选育目标和方法不匹配，专业化品种（系）未建立

目前的鸽业种业领域，没有对种鸽的专业化方向进行区分和明确。从生产用途来讲，没有进行蛋用品种的专业化区分，肉鸽早期育种工作尚未系统进行。传统上以生产乳鸽为目的的鸽应称为"肉鸽"，为了适应产业的发展，以生产鸽蛋为目的的鸽种，应称为"蛋鸽"。需要特别说明的是，现在我国肉鸽养殖的品种还是以"肉鸽"

为主,还没有专门化的"蛋鸽"品种(配套系)育成。目前蛋鸽生产多以"双母配对"生产模式,使用的还是产蛋性能较好的"肉鸽"中的兼用品种,这类品种通常有体型小、产蛋率高的特点。可以肯定的是,随着蛋鸽产业的发展,专用的"蛋鸽"新品种(配套系)培育将在大的鸽场和科研机构的育种计划之中。江苏威特凯鸽业有限公司和江苏省家禽科学研究所联合培育出的"苏威自别鸽1号",10日龄可通过羽色自别,非常适应"双母配对"生产模式,已经在中试应用(汤青萍等,2018)。

除了用途,从羽色来讲,没有针对特定市场对羽色进行专门化选育(白羽、灰羽、红羽等鸽子品种没有针对不同市场进行精细化区分)。

5. 国内种鸽场种鸽系谱不全,生产性能记录不全面

在现有的肉鸽养殖企业中,种鸽系谱不全,生产性能记录不全面,是目前普遍存在的问题。在常用的几个肉鸽品种中,生产性能是有显著差异的,不同品种之间因为生产性能的差异会导致孵化率和雏鸽成活率差异显著,最终影响经济指标。因此,开展种鸽繁殖性能、生长性能和抗病性能3个主要生产性能指标的测定,对于建立种鸽系谱,寻找出适合自身生产需要的品种,以及对于肉鸽育种工作,有着迫切的需要。目前的肉鸽选育工作,由于只注重繁殖性能而忽视了生长性能和抗病性能,影响了肉鸽的育种水平。此外,部分品种的种鸽自然繁殖产蛋率受季节影响较大,而种蛋的受精率受公母鸽的调配、营养摄取和种鸽一夫一妻制配对的生物学特性等共同决定,这些也影响了种鸽生产性能记录的准确性,最终影响育种工作进行。

二、肉鸽种业发展趋势

(一)加强区域性种鸽产学研育种联合体建设

基于北方和南方不同区域特征和消费习惯,应当加强鸽业育种研究的区域联合体建设。北京鸽业育种以中国农业科学院北京畜牧兽医研究所和中国农业大学为中心,上海以国家家禽工程技术研究中心为中心,江苏以江苏省家禽科学研究所为中心,广东以广东省家禽科学研究所为中心,湖南省利用湖南农业大学的技术力量,建立区域性种鸽产学研育种联合体,结合区域性的技术优势,加强技术交流与融合,开展全国的鸽业联合育种。

(二)加强区域性鸽业龙头企业育种能力建设

鸽业育种不仅是技术的问题,对开展育种的龙头企业的资金、人才、市场推广等多方面都有很高的要求,而且要求各要素之间合理配置、协调发展。世界知名的家

禽育种企业都拥有家禽育种的最新科技、完善的良种繁育体系和雄厚的技术支撑，具备很好的育种创新能力。中国鸽业也应当加强区域性鸽业育种龙头企业育种能力的建设，结合雄厚的资金支持，应用先进的育种技术，发挥人才、市场的优势，这样才能使自主知识产权的品种培育成为现实。从区域上讲，广东省温氏食品集团股份有限公司、深圳市天翔达鸽业有限公司、上海金皇鸽业有限公司等都代表着区域性的鸽业育种企业实力，应当在育种能力建设上进一步加强。

（三）加强鸽业育种技术的研发

加强鸽业育种技术的研发，应当首先加强育种标准体系建设。种鸽性能测定工作要完善测定的环境和设施、测定人员、检测仪器、测定项目、测定方法、饲养管理、测定记录等方面的具体要求；测定的具体项目要进一步标准化，包括种鸽的生产阶段划分、孵化指标标准、生长发育指标标准、产蛋指标标准、肉用指标标准、饲料利用性能标准等方面。鸽业育种标准体系建设，是鸽业育种的基础，统一标准，才能让下一步育种工作以及区域技术联合成为现实。

加强鸽业育种技术的研发，要将传统育种技术与现代育种技术相结合。传统育种技术方面，在育种标准体系建设基础上，要将个体选择、家系选择等选择方法应用于育种工作中，从建立系谱、做好种鸽个体标记、制定育种目标和杂交选育制度、开展配合力测定、做好育种记录等方面做好传统育种工作。现代育种技术方面，要以现代动物育种学理论与方法为基础，集成种鸽全基因组测序、种鸽联合育种、基因芯片检测和物联网及人工智能等先进技术，构建基因组选择与常规育种技术相结合的育种技术体系，结合相应的育种制度，建成区域性的种鸽基因组选择育种平台，推进鸽业种业向高端发展，实现"弯道超车"。

三、天翔1号肉鸽配套系

天翔1号肉鸽是我国自主培育的第一个肉鸽专门化配套系，具体情况如下。

（1）亲本组合。深王鸽、白王鸽和白卡奴。

（2）选育单位。深圳市天翔达鸽业有限公司和广东省家禽科学研究所。

（3）审定情况。通过审定。新品种证书编号：（农09）新品种证字第82号。

（4）特征特性。由深王快大系、新白卡高产系和肉用型白王鸽配套杂交而成，集快大与高产于一体，耐寒性和抗逆性均高。

（5）产量表现。每对种鸽平均年产乳鸽21.1只，25日龄乳鸽重600~700g，成年鸽体重：公鸽756g、母鸽650g。

第二节 营养和饲料科技需求与发展

一、肉鸽营养与饲料现状及问题

肉鸽不同于鸡鸭鹅等常见家禽，其生理与生活习性有很大的不同。鸽子喜食谷物的籽食，所以长期以来肉鸽的日粮以原粮为主，致使生产性能低下，生产潜力得不到充分发挥。近年来，部分规模化养鸽企业在原有的原粮基础上补充营养更加全面的全价颗粒饲料或蛋白饲料，以追求全价营养的目的，从而大大提升了生产鸽的生产表现。这些做法打破了传统的、单一的原粮组合，一定意义上弥补了纯原粮饲料配制技术的短板。

目前，国内外都没有公布权威的肉鸽饲养标准，因此研究肉鸽营养需要，制定肉鸽营养标准具有重要的现实意义。现阶段我国肉鸽营养研究多数集中在粗蛋白、代谢能研究上，而且研究结果很不一致，代谢能11.50~12.80MJ/kg，粗蛋白14%~22%不等（主要依据种鸽带仔数而定）；而矿物质、维生素、氨基酸等需要量研究，更是少之又少，或是直接参考家禽营养需要量。饲料配制因为没有统一的营养标准，目前肉鸽生产中基本上有3种料型：原粮饲料、平衡饲料和全价颗粒料，这3种料型中原粮饲料和全价颗粒料在肉鸽生产中有单独饲喂，更多的是原粮饲料和后两种饲料分别搭配使用，以保证营养素均衡的同时确保肉蛋产品品质。然而，由于没有肉鸽营养需求标准，这些饲料的配制大多为经验配方，在使用中还存有许多缺陷，但是目前至少为鸽场增加了产能，带来了效益，这充分说明这种做法的可行性。所以，颗粒饲料的出现也倒逼了部分科研院所和高校专家学者加入肉鸽营养需要与饲料配制技术等研究领域中来。

（一）传统饲料配制形式（原粮饲料）

在我国的肉鸽养殖业，肉鸽营养研究与饲料配制技术相对落后，且迄今没有正式颁布的鸽营养需要标准，影响了产业的发展。由于肉鸽喜食原粮的习性，一直以来，肉鸽养殖以原粮混合饲喂方式为主，配合保健砂使用（图6-2）。原粮包括玉米、豌豆、高粱、麸子混合居多，能量饲料占70%~80%，蛋白质饲料占20%~30%。"原粮+保健砂"的营养与饲料形式，虽然代谢能可基本满足要求，但粗蛋白含量偏低，同时氨基酸不平衡，缺乏维生素和微量元素等，导致日粮单一、营养不均衡，日粮浪费较严重（陈国胜等，2016年）。

图6-2 原粮饲料

（二）平衡饲料配制形式

随着肉鸽产业集约化程度不断提高，养殖规模日趋扩大，"原粮+保健砂"饲喂方式已不能完全适应肉鸽生长与生产的营养需要，平衡饲料应运而生，肉鸽养殖逐渐开始采用"平衡饲料+原粮+保健砂"饲喂技术，既符合肉鸽基本营养需求，也能满足其喜食谷物的习性，养殖效益也得到较大提高。但是颗粒料的推广程度仍不够，且部分种鸽采食单纯使用平衡饲料后，啄毛率有明显上升，易导致不带仔种鸽偏肥，从而影响产蛋及受精。"平衡饲料+原粮+保健砂"可以克服"原粮+保健砂"和单纯使用平衡饲料的不足。研究表明，"平衡饲料+原粮+保健砂"与直接使用原粮相比，乳鸽增重6.5%～8.8%，缩短种鸽生产周期2.8～4天。

（三）全价颗粒饲料

日粮中能量和蛋白质水平是成年鸽生产能力和雏鸽生长发育的重要影响因素。由于鸽品种、生产阶段及生产模式的不同，导致各研究结果差异较大。如果要保证成年鸽正常生长，饲料中粗蛋白水平在12%～18%，而代谢能在11.5～12.5MJ/kg范围。另外有关鸽子对氨基酸、维生素、微量元素需要量的研究很少，至今没有专门的研究报道，生产养殖过程中主要参照鸡的营养标准。吴红等研究表明，成年亲鸽日粮中适宜的钙添加量为1.09%，而磷为0.68%，虽然日粮中钙含量的变化对雏鸽体重影响不大，但是当钙含量过低时，鸽蛋的受精率、孵化率与雏鸽的成活率均较低，并且会出现破壳蛋、软壳蛋等现象；当钙含量过高时，成年鸽则会出现拉稀现象。El-Khalek等在日粮中加入了锌、铜、锰和硒等微量元素，虽然添加这些微量元素并没有影响成年鸽换羽、器官重量和肠道pH值，但是肠绒毛高度明显增加，同时也扩大了肠的吸收面积。卜柱等以乳鸽生长发育为判定指标，从整体上确定肉种鸽繁育期的最佳能量（12.5MJ/kg）和蛋白需求水平（15.5%）；而以产蛋性能和蛋品质为判定指标确定母鸽产蛋期的最佳营养需求为能量12.3MJ/kg、蛋白14%、赖氨酸0.76%以及蛋氨酸0.32%。

由于没有肉鸽营养标准，所以在饲料配制这一环节大多参照鸡的营养标准来做，所以肉鸽专用的饲料配制技术研究相对滞后。随着种鸽日龄的增长，对淀粉的消化能力变差，可能是制约乳鸽生长的关键因素。建议在配制种鸽饲料时适当添加一些酶制剂，利于淀粉的消化吸收。有研究发现，通过比较乳鸽生长性能、肠道消化酶活性及形态变化，建议在种鸽饲料中添加3%的豆油为佳。

伴随着资源制约和人力成本上升的影响，全价颗粒料的优势逐渐凸显，全价饲料与"平衡日料+原粮"相比能提高21日龄乳鸽体重4.23%和2.5%，节省饲料6.45%和22.25%，说明种鸽完全使用全价饲料是可行的。在规模化和集约化生产中，全价颗粒料能降低肉鸽养殖过程中的时间和人力成本，同时实现精准饲喂，促进肉鸽产业健康良性发展。这就需要对肉鸽的营养需要量和饲料配合技术进行深入的研究（图6-3）。

图6-3　全价颗粒饲料

（四）保健砂的配制技术

保健砂是补充肉鸽主食、副食中的营养物质不足，必须额外添加的矿物质、微量元素、维生素、氨基酸，以调节消化、生理机能的补充剂。保健砂能增进肉鸽的消化功能，促进新陈代谢和营养平衡，尤其对于笼养肉鸽更为重要。保健砂的主要成分除矿物质饲料贝壳粉、石粉、骨粉、磷酸氢钙外，还包含红土或黄土、砂砾、木炭末、多种维生素和氨基酸、中草药、酵母粉等原料，按照一定配比配制，保健砂的类型有粉型、砖型、湿型3种。近年来也有研究人员开发新型保健砂，如豌豆状的保健砂，方便鸽子采食，减少污染和浪费。

传统保健砂存在一定的缺陷：①原料形态迥异，微量营养物质摄取不均匀，浪费大；②饲喂周期长（一般7天添加一次），容易污染；③易变质，不利于保存；④添加方式单一，不能适应规模化、现代化肉鸽生产。研究人员针对传统保健砂的问题，开发了能有效提高肉鸽对微量营养素的摄取量的颗粒保健砂，有效地提高了肉鸽对微量营养素的摄取量以及对日粮营养素的利用率，增强了肉鸽的机体免疫力；全面提高了鸽蛋的受精率、孵化率及雏鸽的存活率；同时，大大减少了肉鸽养殖中预防性药物的使用，提高了肉鸽产品的安全性。

（五）乳鸽代乳料

雏鸽生长前期的快速生长完全依靠亲鸽的鸽乳，中国农业科学院家禽研究所卜柱、谢鹏等分析测定了亲鸽性别、带雏数、日龄对鸽乳成分的影响，结果显示，随着乳鸽日龄的增长，鸽乳中干物质、钙含量和消化酶活性逐渐升高，而总能量、粗蛋白、粗脂肪、氨基酸、免疫球蛋白和细胞因子含量则逐渐降低，雄性亲鸽分泌鸽乳的能量、粗蛋白、粗脂肪、磷以及缬氨酸、组氨酸、甘氨酸高于雌性亲鸽，而干物质和钙含量以及其他氨基酸含量未表现出性别差异。随着带仔数的增加，亲鸽分泌的鸽乳中营养物质的含量逐渐降低，但并未影响乳鸽体重，说明在一定范围内，亲鸽可通过增加鸽乳的分泌量来弥补鸽乳营养物质含量的下降。目前虽然有人用人工鸽乳饲喂0~7日龄雏鸽方面取得了成功，但是人工鸽乳饲喂的雏鸽与采食自然鸽乳的雏鸽相比，生长速度明显降低，而且体质较弱。

二、肉鸽营养与饲料发展趋势

全球范围内，对鸽饲料的研究相对较少，有关鸽的饲养标准和营养需求的研究也相对匮乏。鉴于鸽业饲料开发起步阶段存在的基础研究不透彻、关键技术待解决的问题，结合饲料工业新趋势、新方向，我国鸽业营养与饲料领域科技将面临以下发展趋势。

（一）开展肉鸽生物学习性研究

鸽子属于晚成鸟，出壳后不能自主采食，在达到成年体重前，需要依靠双亲嗉囊分泌鸽乳哺喂，这种特殊的哺育方式，使乳鸽具有生长迅速、生长旺期短等特点。研究发现，乳鸽相对生长指数分别是快大型鸡的3.79倍和鹌鹑的1.96倍。在14日龄和21日龄时的乳鸽体重分别是出壳体重的18倍和22倍，在21日龄基本达到成年体重。因此，在肉鸽生产中，为降低饲料成本，提高经济效益，肉鸽多在21日龄前上市。鉴于乳鸽独特的生物学特性，肉鸽在乳鸽方面的研究需要开展肉鸽嗉囊泌乳等生物学习性研究，利用分子生物学手段，挖掘泌乳等性状相关候选基因，揭示嗉囊泌乳的机理，探索肉鸽哺育生理机制，为肉鸽人工哺育和乳鸽营养饲料研究开发奠定理论基础。

（二）加强肉鸽营养理论基础研究

鉴于乳鸽独特的生物学特性，现阶段肉鸽产业发展面临的关键技术难题是1~21日龄乳鸽的营养供给严重依赖于种鸽的哺喂，故研究种鸽的营养需要量是推进肉鸽产业快速发展的决定因素。

关于肉鸽饲养的研究必须以营养需要与饲料营养价值为基础，通过开展消化与代谢途径关键技术研究，对不同品种、不同养殖模式、不同日龄阶段下肉鸽营养需要进行测定，同时对不同区域饲料原料进行营养价值评定，综合形成饲料配方，同时制定科学的饲养标准，促进精准饲养，提高生产性能，保证肉鸽品质，提升经济效益。

（三）推动关键问题联合攻关

全价颗粒料在饲料转化、人工成本等方面优于原粮，是鸽业发展的必然选择，然而，鉴于鸽子喜食谷物和自然哺育的习性，全价料在实际应用中有较多问题。

首先，全价颗粒料对饲料原料质量、适口性以及营养水平设置精准化要求更为严格，如控制不当，肉鸽在营养物质消化吸收率及肉质方面反而不如原粮。其次，在目前技术水平下，规模化和集约化生产中使用全价颗粒料，依然会有不同程度的啄羽、腹泻等问题。因此，需要对全价颗粒料的营养水平和加工工艺方面进行更深层次的研究，克服相关技术瓶颈，确保全价颗粒料在肉鸽养殖中发挥更大作用。

肉鸽的营养需要量和饲料配合技术是一项艰巨的任务，应该整合高等院校、科研院所和龙头企业的技术力量，同时建议政府有关部门在科研项目、资金等方面给予支持，建立攻关协作网络，大家密切配合、协同作战，全面、系统、深入地开展肉用种鸽的营养需要和饲料配合技术研究，尽快制定和颁布肉用种鸽的饲养标准，以快速推进肉鸽养殖业的规模化、标准化、产业化进程，提高肉鸽及其产品在国内外市场的竞争能力。

（四）促进新型饲料研发应用

近年来，健康养殖和功能性产品已经成为热点研究问题，我国也出台了《关于促进畜牧业持续健康发展的意见》，大力倡导发展健康养殖。健康养殖是以保护动物及人类健康、生产安全营养的畜产品为目的，实现畜牧业生产无残留、无污染和绿色无公害。除了饲养环境、饲养方式等因素外，绿色安全无抗饲料的开发利用是实现无公害畜牧业的关键。"绿色、有机、营养、健康"将是未来畜牧业发展重要方向，鸽业同样如此，在生态环保、功能性饲料研发方面有待进一步研究开发。通过植物提取物、益生菌、寡糖和酶制剂等有效改善肠道微生物的制剂，提高肠道的功能和营养代谢，增强抵抗力，逐步实现"无抗养殖"。同时，研究新型功能性饲料，通过营养调控技术，开发Ω-3、DHA、富硒及其他功能性鸽产品将是特色产业发展的重要途径。

第三节 疫病防控和质量安全现状与发展趋势

肉鸽是家禽品种中抗病力和适应性较强的一种动物，通常很少感染烈性传染病，但由于肉鸽大多采用集约化和规模化饲养，各种疾病的侵袭在所难免。肉鸽一旦染上疾病，不但可能影响健康水平和生产性能的发挥，甚至可能丧失利用价值，或者导致死亡。有些鸽病也会引起食品安全问题和公共卫生事件，因此做好生物安全措施，加强对肉鸽疾病的预防、诊断和治疗，保障肉鸽健康与否是一项涉及养殖成败的大事。

鸽子的疾病大体上可分为传染病、寄生虫病和普通病三大类。其中传染病对鸽产品质量安全影响最大，所带来的安全隐患也最大；寄生虫则是食品安全的主要元凶；普通病带来的药物残留和耐药性风险同样不可小觑。提高肉鸽疫病防控能力，保障肉鸽健康，是保证鸽产品质量安全的最主要手段。

一、肉鸽疫病与质量安全现状及问题

随着肉鸽养殖业迅速发展以及养殖模式的改变，尤其是"2+3"和"2+4"等高效率养殖模式的出现，亲鸽的哺育负荷增大，肉鸽生产性能和健康状况安全隐患较大，一些疫病有逐渐增多的趋势。加之肉鸽养殖缺乏专用疫苗和药物，现行用药和治疗方案大都是参考肉鸡或肉鸭方案执行，存在用药不规范、不科学、针对性和适用性较差，因此，伴随而来的就是肉鸽养殖过程中的药物残留和耐药性风险逐渐增加。

当前肉鸽养殖最为常见的疫病为新城疫、毛滴虫、大肠杆菌和沙门氏菌等。根据近年来对肉鸽流行病学调查结果，新城疫发病率为30%~60%，主要以乳鸽生长不良及死亡率高为特点；毛滴虫病主要通过接触感染，2~5周龄最为多见；沙门氏菌病感染率为10%~25%，且存在乳鸽发病率高、死亡率高的特点。

防病与治病相比，要容易得多，费用也省，因此在肉鸽养殖场都比较注重"养大于防、防大于治"的原则。

（一）鸽场生物安全现状

肉鸽养殖较其他家禽养殖更为粗放，且标准化规模化程度较低，因此肉鸽养殖生物安全体系较其他养殖场而言不够健全，目前采用的生物安全控制理论技术大都参考肉鸡养殖执行，缺乏针对不同区域特点、不同生产环节以及不同养殖模式的生物安全技术措施；更没有按照种鸽饲养、后备鸽培育、孵化、亲鸽哺育等不同阶段，制定生物安全控制规范；同时，对于生物安全隔离区和无特定疫病区建设方面也较为薄弱。

1. 消毒

鸽场卫生消毒是生物安全控制最重要的环节，鸽场常用的消毒方法分为化学消毒、物理消毒和生物消毒三种。

化学消毒是利用化学消毒剂对被消毒的物品进行浸泡、喷洒、浸洗和熏蒸等，以达到杀灭病原微生物的目的。浸洗法是指在发生传染病后，对鸽舍地面、墙壁等用消毒液进行清洗，或是在接种或注射药物时用酒精、碘酒等擦拭；浸泡法是指将待消毒的物品或用具浸泡于消毒液中，常用于医疗器械。当动物体表感染寄生虫时，用杀虫剂或其他药物进行也属于此法；喷洒法是将化学消毒药液喷洒于地面、墙壁、天花板等处，以达到消灭该部病原体的目的，鸽舍的环境消毒多采用此法；熏蒸法是利用化学消毒剂易于挥发，或是两种化学制剂起反应时会产生气体，该气体对周围的空气及物体表面的致病微生物具有杀灭作用。

物理消毒法是消毒工作中最基本的，而且较为常用的简单方法，包括日光照射、机械清扫、蒸气消毒、煮沸消毒和焚烧等。

生物消毒法是指利用自然界广泛存在的微生物在氧化分解污物（如垫草、粪便等）中的有机物时所产生的大量热能来杀死致病微生物，垫草和粪便的无害化处理多采用此法。

2. 传播媒介抑制

主要包括防蚊蝇、灭鼠、灭蝇等。肉鸽可感染多种寄生虫病，如球虫、毛滴虫、毛细线虫、蛔虫、绦虫、羽虱等，感染了寄生虫不仅影响生长发育，降低生产性能，严重者常导致肉鸽死亡。因此，每年都要定期、适时进行驱虫。

老鼠在鸽舍的危害也是多方面的，可以咬死幼鸽，咬坏塑料水线和电线等设施，造成漏水漏电等严重事故，此外，老鼠还是疫病的传播媒介，可使肉鸽染病，因此，必须坚持做好灭鼠工作。

成蝇的寿命一般为数周，其繁殖力惊人。一只苍蝇经四世代，即可繁殖1.3亿只。苍蝇能传播对人和动物有害的很多疾病，必须大力灭蝇。做到及时清理粪便，搞好清洁卫生，喷洒灭蝇药物等，会收到明显的效果。

3. 投入品卫生保障

投入品的卫生对肉鸽疫病防控有重要意义，肉鸽主要的投入品是饲料和饮水。饲料卫生情况与肉鸽的健康状况密切相关，如采食腐败变质、发霉或被某些病原菌污染的饲料，肉鸽会发病，或处于亚健康状态。部分植物性饲料在加工、贮藏或运输等某些环节不当时，也会导致动物发生中毒。因此，饲料一定要贮存在严密、干燥、通风良好的库房内。要求饲料库地面为硬化面，以防鼠类进入，而且不允许在库房内存放其他物品。此外，购置饲料时要把好质量关，可疑饲料绝不能购入。饲喂时要保证日粮营养全面，无霉变，饮水和保健砂要新鲜并保证不被污染。

水是传播某些疾病（如肠道传染病和寄生虫病）的主要途径之一，因此，搞好饮水卫生对防止肉鸽感染疫病有重要意义。饮水要清洁，无污染；水源要严格管理，不要流入污水和有害物质。水盆、料槽要经常清洗，定期消毒，防止霉菌污染。

4. 其他管理措施

鸽场执行的生物安全管理措施参照其他养殖场，非鸽场工作人员和车辆不得随便进入，进入时要经过消毒。鸽场内工作人员的工作岗位要固定，工作人员出入鸽舍要换鞋、洗手，必要时还应淋浴、换工作服，最好避免同行间或邻居间的相互参观，特别注意非饲养人员不得与鸽群直接接触。鸽场工作人员不得购食病禽、病畜和死禽、死畜；每年要进行体检，患肺结核、副伤寒等传染性病症的员工，应待其确实痊愈后方可准许上岗，鸽舍和鸽笼必须干燥清洁，适当宽敞些，阳光充足而不暴晒，通风良好而无贼风，温度和湿度适宜且恒定，空气清新无污染。

（二）免疫预防和用药治疗现状

肉鸽的抗病力较强，通常情况下极少暴发大流行性传染病，但因其实行高密度的集约化饲养，为防止不必要的经济损失，生产上仍与其他家禽一样坚持"预防为主，防治结合"原则。当鸽群受到某种传染病威胁时，应进行疫苗紧急接种，或服用预防剂量的治疗药物。

1. 疫苗预防

适合于肉鸽的免疫接种方法有很多，如滴鼻或滴眼、翼下刺种、皮下或肌内注射、饮水法及气雾法等。采用哪种方法，应视具体情况而定，既要考虑工作方便及经济成本，又要考虑疫苗的特性及免疫效果。

（1）滴鼻或点眼。滴鼻或滴眼是使疫苗从呼吸道进入体内的接种方法，适合于乳鸽或童鸽采用。新城疫Ⅱ系、Ⅳ系疫苗及传染性支气管炎、传染性喉气管炎弱毒型疫苗可通过滴鼻或滴眼的方法进行接种。

进行接种时，先将500羽份的疫苗稀释在25ml生理盐水中，充分摇匀，每只幼雏的眼结膜或鼻孔处滴1滴（约0.05ml），滴鼻时用左手握住鸽子，使一个鼻孔向上，用手指堵住另一只鼻孔，右手拿滴管，对准向上的鼻孔缓缓滴入，使其自然吸入；点眼时，一个助手握住鸽的双翅和两条腿，操作者左手固定鸽头，使一侧的眼睛向上，右手持塑料滴管眼瓶，将疫苗滴进眼里。也可把500羽份稀释在50ml的生理盐水中，然后给每只幼雏的眼结膜和鼻孔处各滴1滴。

（2）翼下刺种。适用于鸽痘疫苗和新城疫Ⅰ系疫苗的免疫接种。接种时，将1 000羽份疫苗稀释于25ml生理盐水中，充分摇匀后用刺种针蘸取疫苗，刺种于肉鸽翅膀内侧无血管处，幼鸽刺种1针，成鸽刺种2针，每刺种一针，需蘸取一次疫苗。

（3）皮下或肌内注射。一般皮下注射的部位多选取颈背部皮下，接种时，把500羽份的疫苗稀释于100ml生理盐水中，然后每只幼雏注射0.2ml。肌内注射的部位主要是胸肌和腿肌，采用肌内注射时，应注意顺着肌纤维向前运针，以免垂直运针时，刺入心脏或胸腔造成死亡。此法适合于禽霍乱弱毒苗、灭菌苗及新城疫Ⅰ系疫苗的免疫接种。这种免疫方法的稀释倍数，常随鸽龄的不同而应进行相应的调整。一般1 000羽份的苗，1～4周龄时加生理盐水200ml，每只雏鸽注射0.2ml；5～10周龄时，加生理盐水200～500ml，每只注射0.2～0.5ml；10周龄以上时，加生理盐水500～1 000ml，每只注射0.5ml。

（4）饮水免疫。是目前较为常用而且比较方便的一种免疫方法，适合于大多数疫苗。由于采用饮水免疫时往往会因为种种原因，造成每只鸽的饮用量不同，免疫效果参差不齐。因此，为使饮水免疫达到一定效果，疫苗必须选择高效且不得含有氯、锌、铜、铁等可使疫苗效价降低的物质，必要时可采用蒸馏水。同时，要注意饮水器具充足。为保证疫苗能够在短时间内饮完，疫苗的稀释倍数应根据鸽的日龄作适当的调整，一般1 000羽份的疫苗，1周龄时加水5 000ml；2~4周龄时加水10 000ml；5~10周龄时加水20 000ml；10周龄以上时加水4 000ml，并于饮疫苗水前停水2~4h。

（5）气雾免疫。是用喷雾将疫苗或菌苗喷洒于空气中，让鸽体吸入而达到免疫的方法。气雾免疫适用于密集饲养的情况，具有省时、省力、免疫力产生快的特点，但技术要求较严格，操作不当会造成无效或出现其他问题。气雾免疫必须注意粒子的大小、鸽的日龄和密度、喷雾方法等。一般在鸽群10~25日龄后进行效果较好，且比较安全，如果鸽龄较小，气雾免疫时易激发呼吸道疾病。喷雾时，应将门窗密闭，以免雾化粒子流失。鸽的密度按雏鸽每平方米容纳15只左右，中鸽20只左右，成鸽11只左右为宜。雏鸽宜选用80%粒子在20~50μm或更大粒子的喷枪，中成鸽采用80%粒子在5μm以下的喷枪。进行气雾免疫时，要注意喷枪的主气流不能对着鸽体，而应使喷枪的主气流平行于鸽头部上方10~50cm处上下左右喷射，注意驱赶鸽群，使之吸入均匀，喷后使气雾在室内停留5~10min，然后打开门窗通气。气雾免疫在黎明、傍晚或阴天时进行效果更好。免疫时疫苗的稀释倍数也应根据鸽的日龄作相应的调整。一般100份的疫苗1周龄时加水300ml；2~4周龄时加水500ml；5~10周龄时加水1 000ml；10周龄以上时加水2 000ml。

2. 用药情况

药物治疗方法是指运用一种或数种药物对病鸽（群）进行局部或全身性治疗，以消除病原因素，促进鸽体正常生理机能的恢复。根据肉鸽本身的特点，结合具体的疾病特点，有多种给药方法。

（1）拌料投药法，又称拌料给药法。即将定量的药物均匀地拌在饲料中让病鸽采食的方法，是最常用的方法，具有省工、省时、鸽群应激小等优点；缺点是药效较差，且对肠胃刺激较大。

（2）饮水投药法。同样是一种较为简便的给药方法，适用于预防性用药和群体治疗性用药，该种用药方法要求药物溶解性较好，很多情况下，病鸽会由于药物刺激而引起食欲减退，甚至废绝的现象发生，因此应间隔给药或采用不同方式轮流给药。

（3）注射给药法。采用本法给药需逐只注射，且较为费工费时，但对于食、饮欲完全废绝，病情严重，尤其是处于濒死状态的病鸽，这种给药方法切实可行。注射给药包括皮下注射、皮内注射、肌内注射、静脉注射和腹腔注射等。

（4）经口投药法。经口投药法是指将药物通过滴管、注射器等器械，或用手直接送入病鸽的口腔或嗉囊内的给药方法。

（5）体外给药法。主要是指将药粉或药液喷洒、涂布于病鸽体外的一种用药方法，包括体表给药和环境给药。体外给药主要针对寄生虫的控制，通过体外给药，可消灭鸽体外寄生虫以及蚊子、苍蝇等有害昆虫，常选用适当的杀虫剂对鸽体表、养殖笼具、垫料、栖架等处以及与肉鸽生活密切相关的周围环境进行消毒。

（三）疫病诊断现状

1. 流行病学调查

在鸽病诊断时，流行病学调查和分析是诊断鸽群发性传染病、中毒病、营养代谢病和寄生虫病的重要方法，也是养鸽场（户）制订有效的防治对策及措施的依据，尤其在集约化养鸽场更为重要。

调查内容可以多种多样，诸如养鸽场的位置、性质；鸽子的品种、品系、数量及性别比例；饲养习惯、饲料种类及来源、饮用水来源；日常消毒情况；免疫接种情况；发病鸽群及个体与未发病鸽群及个体的背景材料；鸽场周围环境；发现病鸽的时间，鸽病高峰的时间，鸽病发展趋势；过去有无此类鸽病，过去此类鸽病的发病及防治情况；邻近鸽场有无发病，哪些鸽场发病多，哪些鸽场发病少；其他禽鸟类有无类似发病，目前对该病防治效果等均在调查之列。

2. 临床检查

鸽病的临床检查是及时正确诊断鸽病的重要手段，主要是对病鸽天然孔的检查，如眼睛、鼻孔、口腔和肛门。此外对消化系统、呼吸系统和运动机能应进行重点检查。

3. 病理剖检

许多鸽病有典型的或特定的病理变化，在流行病学调查和临床检查的基础上，开展病理剖检，观察病鸽器官组织的变化，可以为正确诊断提供可靠的依据。同时也可为实验室检查提供病原学、免疫学、病理组织学等所需要的病理材料，是对疾病进一步诊断的重要措施。

二、疫病防控和质量安全技术需求

（一）综合防控体系建设

（1）树立"防治结合，预防为主、综合施策"的防疫观念，并建立相应的防疫体系、防治措施，防止鸽病的侵入、扩散和传播。

（2）建立疫病综合性防治措施，即建立检疫、防疫、饲养、封锁、隔离、治疗、免疫和净化等措施，以求达到防止病原侵入，及时消灭病原与控制疫病，减少损失的目的。

（3）采取综合性检查，对发生的疾病尽早尽快做出诊断。

通常首先根据流行病学调查分析、临床观察检验和病理剖检变化作出初步诊断，并采取应急控制措施；同时，采取相应病料做进一步的实验室检查，做出确诊，并采取相应的扑灭措施。

（4）实施计划免疫和驱虫是防治鸽病比较切实的措施之一，可以在一定程度上避免由于药物防治带来耐药性菌（虫）株的危害。

（5）建立免疫监测与疫情预报和报告制度。

通过抽样做免疫监测，在疫苗接种后3~4周进行，可根据抗体水平了解免疫的效果，从而决定免疫确实抑或需要补免；在疫病流行前进行监测，则可了解幼鸽的母源抗体水平和群体的免疫水平，从而决定相关疫苗接种时间。

肉鸽疫病防控需要从种鸽到乳鸽再到成年鸽全过程，按照其生理特点和感染规律，加强流行病学调查，制定专门化的综合性防控体系，以生物安全控制为基础，以免疫预防和用药治疗为辅助手段，促进肉鸽养殖行业健康发展，保障肉鸽产品质量安全。

（二）专用药物和疫苗研制与使用

1. 专用药物和疫苗研制

目前尚无肉鸽养殖疫病防治的专用药物，许多肉鸽养殖场药物的使用都是参照养鸡生产所推荐的药物种类和剂量，由于肉鸽的特殊生理功能和生物学特性，其对药物的敏感性差异以及毒理效应不同，因此，完全按照鸡场用药不但效果不够理想，同时也具有较大的安全隐患。

未来需要加强肉鸽感染靶向位点和易感性、耐受性研究，针对高发疫病种类，开发低毒、绿色、敏感的鸽专用药物，并严格开展动物临床试验，加强药物代谢动力学研究评价，制定科学合理的用药规范。同时，根据疫病监测和流行情况预测，启动鸽新城疫专用疫苗研究、临床试验和审定工作。

2. 疫苗与药物科学安全使用

（1）疫苗选择。疫苗的种类有很多，各有优缺点和适用范围，不可乱用，否则不但起不到预防疾病的作用，反而会影响到肉鸽的健康，甚至会把本来没有的疾病引入。因此，必须根据不同情况，慎重选择疫苗，以使鸽群获得较强的免疫力。

需要接种哪种疫苗，主要取决于当地流行的或可能流行的疫病种类，对当地没有威胁的疫病可不接种疫苗，尤其是毒力强的活毒苗或活菌苗，更不能轻率地引入从未发生过该种疫病的地区，以免出现新的传染源。至于选择什么类型的疫苗，则应根据疫病的流行程度来决定，一般流行较轻的，可选择温和一点的疫苗；疫病流行情况较严重时，则要选择效力较强的疫苗，目的是使疫苗接种后产生的抵抗力与疫病的流行情况相适应。有些疫苗往往有几个品系，初次接种时应选择毒力较弱的品系，而重复接种（又称强化接种）则应选择毒力较强的品系。

（2）安全用药。在饲料或饮水中添加适量的抗生素、抗球虫药、抗霉菌药等可有效地控制某些传染病和寄生虫病的发生，促进肉鸽的生长发育。但是若使用不当，也常会引起副作用，甚至会造成公共危害。例如人们长期食用含有药物残留的动物制品，便会发生过敏反应、致畸、致突变和致癌等不良后果。

（3）严格按照规定的使用方法、用量及使用条件进行投用，不可滥用。过多、过频或超剂量使用某种药物常会导致肉鸽肠道内的某些菌群产生耐药性，并且引起肉鸽肠道内正常菌群紊乱。造成产品内药物残留，影响消费者身体健康。

（4）按照世界卫生组织的规定，畜禽饲料中的抗生素不论是单独使用还是合并使用，其用量均不能超过每千克饲料20mg，并且仅限应用于动物生长的早期。

（5）有些药物如磺胺类等对机体或食用者的副作用较大，长期使用可能影响到机体的免疫机能，降低鸽子自身的免疫力，所以在选择添加预防性药物时，不宜长期或超剂量使用这类药物。不论用哪一种药物预防疾病，均不能时间太长，一般用3~5天，不得超过1周。有些药物如痢特灵已在食用动物养殖中禁用。肉鸽在出售前2周，应停止应用各种抗生素，以免造成鸽产品中的药物残留。

3. 疫病净化

垂直传播性疫病对肉鸽产业和产品的影响较大，所以必须保证种鸽场的垂直传播性疾病的防控，以保证鸽苗质量。

结合肉鸽新品种（系）培育，针对新城疫、沙门氏菌等垂直传播疾病，通过严格的疫病净化，彻底净化带菌群体，从根本上杜绝相关疫病的发生。通过严格的检疫、净化、生物安全控制来进行种鸽场垂直传播和水平传播疫病的综合净化。

（1）控制垂直传播。被感染的种蛋在鸽沙门氏菌病的传播中起重要作用，要切断这个环节，需要把握以下关键点。

①坚持种鸽群的检疫、净化。种鸽舍的关键控制点：要保证以下环节的清洁、卫生与消毒，包括鸽舍→承蛋板→蛋托→种蛋及时收集、挑选、消毒→运输车辆→种蛋库→运输车辆。

②种蛋收集、运输、孵化过程卫生消毒。孵化场的关键控制点：保证以下环节的清洁、卫生与消毒，包括蛋库→孵化厅→孵化器→孵化盘→出雏室→出雏器→出雏、免疫人员→注射器械→运雏车。

（2）控制水平传播。鸽群中若存在白痢阳性，在环境卫生较差的条件下，会加快其水平传播速度，使鸽群的阳性率增高，检疫淘汰的比例增大，导致损失增加；若不及时检出，会通过垂直传播，严重影响下一代雏鸽的质量，所以控制水平传播是鸽白痢净化工作的保障。

鸽白痢沙门氏菌可通过感染的粪便，污染的饲料、饮水、笼具、衣服、鞋、车辆、物品、人员、野鸟、哺乳动物等传播，要采取各种措施阻断这些传播环节。包括：

①严格的生物安全措施，防止疾病传播。包括饲料厂、种鸽饲养场、孵化场等；
②加强环境治理，保持舍内外清洁、卫生；
③加强隔离、卫生、消毒，防止早期感染；
④饮用水符合微生物检测指标，定期对饮水管清洗、消毒（15～30天）；
⑤保证饲料卫生；
⑥严格控制输精环节，保证无菌操作；
⑦定期灭鼠、灭蝇、驱猫，采取各种措施防止野鸟进入鸽舍。

4. 绿色防控技术

近年来，随着城乡居民消费水平不断提高，肉嫩味美的鸽肉逐渐受到消费者的青睐，为了满足消费者的需求，今后的肉鸽养殖业必将会朝着集约化、规模化的道路发展，在饲养过程中逐渐暴露出疫病频发、药物残留、耐药性的产生，以及肉鸽生产性能和品质下降等一系列问题。如何利用好毒副作用小、无耐药性、安全可靠的绿色防控技术和产品来生产营养丰富、肉质鲜美、无毒无害的健康绿色肉鸽食品，将会是今后我国现代肉鸽养殖业发展的必然趋势。

针对当前肉鸽抗生素残留风险，以增强机体免疫力和构建健康肠道菌群为理论依据，开展新型绿色生物制剂开发。初步的研究表明：中草药、益生菌在防治鸽新城疫、鸽痘、毛滴虫以及细菌性疫病方面具有一定功效。

（1）中草药。由于肉鸽养殖业属于特禽养殖，在饲养过程中与鸡、鸭、鹅等普通禽类养殖有着较大的区别，因此对肉鸽的品质提出了更高的要求。由于抗生素具有提高抗病性和改善生产性能的作用，肉鸽养殖户为了更大的经济效益往往不加节制的滥用抗生素，造成药物残留、肉鸽耐药性以及毒副作用等一系列的安全问题，为了解决这一问题，有许多研究报道发现，在肉鸽日粮中添加中草药添加剂，具有与抗生素同等效果，并在许多方面效果更是优于抗生素。

中草药在肉鸽绿色生产中的作用主要体现在防治肉鸽鸽病、提高肉鸽繁殖性能、提高肉鸽抗热应激能力。

刘思伽等利用常山、苦参、土茯苓等中药组成的纯中草药制剂"鸽滴清"，具有驱虫、清热、祛湿等功效，并进行体外试验证明了"鸽滴清"具有明显的杀灭鸽毛滴虫的作用。于增文等利用紫草、黄芪、龙胆草作为内服药，明矾、蒲公英作为外敷药，内外结合对患病鸽进行治疗，发现4天内鸽痘病临床症状消失，患病鸽的治愈效果显著。利用金银花、黄芩、黄芪、胡荽、一点红和车前草等十多种中草药组成的中药复方制剂都具有清热解毒、抗菌消炎等功效，在治疗鸽新城疫病上分别取得了明显的治疗效果。另外，还有许多研究报道指出中草药及其复方制剂在治疗鸽病上具有理想的治疗效果，如鸽鼻炎、鸽胃肠炎、鸽咽喉炎、鸽出血性败血症、鸽流感等。

（2）益生菌。抗生素的使用虽然对肉鸽养殖起到了关键性作用，但药物残留和耐药性等问题随之产生，随着食品安全监管越来越严格，抗生素替代产品逐渐在肉鸽养殖生产中应用开来，尤其是益生菌作为相对成熟的替代产品，目前的应用较为广泛。

丁酸梭菌和乳酸菌均为肠道益生菌，其中丁酸梭菌普遍存在于人和动物的肠道中，其最显著的生物特性就是能与乳酸菌、双歧杆菌等肠道有益菌共生，并促进其繁殖；乳酸菌是指一群可以利用可发酵碳水化合物（主要指葡萄糖）产生大量乳酸的细菌的总称，其在提高畜禽饲料利用率、增强机体免疫力及调节肠道微生态环境方面起着重要作用。试验表明，在种鸽日粮中添加丁酸梭菌和乳酸菌能促进乳鸽生长，改善血清生化指标，提高小肠消化酶活性，且对乳鸽的肠道形态有很好的改善作用。

第四节 产品品质和加工现状与发展趋势

一、肉鸽产品加工现状与问题

当前肉鸽屠宰加工主要采用肉鸡生产线，或按照肉鸡屠宰标准建设，缺乏独立屠宰加工技术标准。产品形态以"生鲜"为主，加工程度不高。食用方式以各地区传统做法居多，没有科学的烹饪技术指导和膳食推荐指南。国际上关于肉品质影响因素分析、营养因子解析、屠宰加工过程中相关物质转化等研究较多，同时，肉类产品加工形态丰富多样，针对不同营养需求人群和不同年龄群体均有推荐性食物摄入。

（一）肉鸽的屠宰

1. 屠宰日龄

肉鸽屠宰日龄根据产品消费喜好进行，通常有25～30日龄的乳鸽、60日龄左右的童鸽、350日龄左右的老鸽，根据羽毛的生长情况，可以看出乳鸽的日龄。未满20日龄的乳鸽头部长满尖细的乳毛，背上和翅膀上的羽毛还未长齐，颜色较浅；21～25日龄的乳鸽头部和颈部长出部分羽毛，部分乳毛已退去，羽毛基本长齐，但颜色较浅；25～30日龄乳鸽头部和颈部纤细的乳毛大都被羽毛所代替，翅膀主翼羽长出较长，坚硬度和羽毛数量也有所增加；30日龄以上的乳鸽头颈以及身上的羽毛尖细，羽毛颜色变深，且随着年龄增大而越发有光泽。若将屠宰日龄推迟，虽然羽毛容易脱离，但肉鸽的饲料报酬会降低，肌肉品质也受影响。

2. 屠宰方法

传统的肉鸽屠宰方法和鸡类似，用左手捉住乳鸽的翅膀，头部向下，右手拿小刀割断颈静脉，血便从颈部流出。这种方法比较简单易行，但其缺点是肉鸽的颈部常有紫色血斑，影响屠体品质。

改进后的方法是直接刺颈法。可先用铁皮做个圆锥形铁罐，挂在一个固定的铁架上，铁罐上面口大，下面小，屠宰时将肉鸽头部向下，放在圆锥形铁罐内，头伸出圆形铁罐底部的下口外，屠宰者用小刀伸进肉鸽口内，直刺头颈部，血液中血管流出口外。这样屠宰的肉鸽翅膀和双脚不能扑动挣扎，血液流得比较彻底，较少留下紫色血斑，而且节省时间。自制屠宰刀可用废钢锯条磨成，刀刃长6～7cm，宽0.7cm，刀总长18～20cm。肉鸽宰后应先洗净鸽嘴两旁的血液。然后清理嗉囊。可用条软导管或医用吸球吸水，灌进肉鸽嗉囊内，用手指轻揉，再将胴体头部向下，用手将肉鸽嗉囊的水和食物挤出。

（二）肉鸽初加工

1. 拔毛

肉鸽的拔毛方式有干拔和湿拔两种。干拔是直接将羽毛从皮肤上拔下来，可保持肉鸽的"粉嫩感"。但干拔毛速度慢，拔毛时必须小心，否则容易撕坏皮肤，特别是肉鸽的翅膀和肌肉容易被撕裂。湿拔是用60～70℃的水烫10～15s，待胴体皮肤变红且柔软，这样羽毛容易脱落，不损伤乳鸽肌肤。稍凉后放入自动脱毛机中，进行脱毛处理。烫时注意水温不可过高，时间也不能太长，以免皮肤脱落、颜色变深且缺乏光泽，从而影响外观，降低收益。

2. 整理包装

拔完毛应做净膛处理，用剪刀剪断肛门与四周的联系，拉出肠子，食指深入腹腔，掏出全部内脏，冲洗后去掉肌胃内容物，同时进行整理和初检，除去残留的羽毛、脚皮及其他脏物。为保证肉鸽产品重量准确，经浸泡冲洗后的光鸽要放在塑料转运箱中进行沥水，自然干燥后进行质量分级，最后将肉鸽逐只用食品塑料袋包装，包装时肉鸽头颈弯向右侧，夹在右侧翅膀内，并使头露出外面，两脚弯曲折向腹腔开口内。

3. 贮藏

肉鸽称重后按收购的体重分级标准放置，按销售要求进行包装后，可放入冷藏室内，气温较高的春夏季运输肉鸽屠体可在冷藏柜内放冰块降温，保持肉质新鲜。如果有冷藏库，可快速冷冻，将冷藏温度降到-30～-20℃，这样可以保持肉鸽的鲜美味道。

（三）肉鸽的深加工

随着人民生活水平的提高，低脂肪、低热量的鸽肉已受到广大消费者的青睐。这不仅符合我国国情，而且对提高民族的素质和群众的健康水平起了积极作用。发展肉鸽生产，可为国家出口提供货源，创造更多的外汇。当前做法比较成熟且消费量较大的的有红烧乳鸽、酱香乳鸽和腊乳鸽。

将肉鸽加工成色、香、味、形俱佳，物美价廉的腊肉鸽具有广阔的前景。既符合广东本地和我国港澳地区、东南亚一带的习惯，调节市场，出口创汇，又解决了鸽业在淡季的肉鸽销售问题，可大大提高鸽业的经济效益和社会效益。既保持广东腊味特色，又使产品有新特点：保持肉鸽的鲜嫩和色、香、味、形特点，风味独特，卫生安全。

二、产品品质与加工技术需求

产品品质决定产业发展质量，产品加工影响产业链发展效益，加工环节上游连接生产者，下游联通消费者，肉鸽产品加工是实现肉鸽产业提质增效的重要环节。围绕基础研究、前沿和实用技术开发肉鸽产品加工技术，推动肉鸽营养战略制定与实施，是增强肉鸽产业内生动力的重要途径。

（一）鸽肉品质形成机理和加工理论基础研究

畜产品品质（如食用品质、营养品质、安全品质）与养殖、加工环节密切相关。未来关于肉鸽品质研究将主要集中于肉鸽产品品质形成的生化规律、影响因素及与品质形成的关系，肉鸽加工工艺与条件对品质的影响及变化规律，以及肉鸽产品加工过程中重要腐败和致病微生物有害因子生成、残留的规律等。

肉鸽品质除了与自身遗传因素以及生产方式有关以外，环境因素以及肉类加工、贮藏等因素都会对肉鸽产品品质产生一定的影响。

在肉鸽产品贮藏、加工和流通过程中存在多种影响其品质的因素，包括出场状态、温度、湿度、保鲜技术、振动等。鸽肉和其他肉类产品类似，不同加工贮藏方式对其产品品质影响较大，特别是在不同温度、不同贮藏时间下的肌肉品质相差很大，可能是由于挥发性风味物质的存在，以及其他化学物质的转化引起的。贮藏条件对肉鸽肌肉鲜味有较大影响，主要体现在贮藏温度和时间可造成肌肉核苷酸代谢产物及游离氨基酸含量变化，温度越高，时间越长，肌苷酸含量越低，其中，4℃贮藏7天后其肌苷酸含量明显低于鲜肉和冷冻肉，而15种游离氨基酸的含量随贮藏时间延长（7天之内）含量都有不同程度提高，且腿肌的鲜味氨基酸和甜味氨基酸都显著高于胸肌。

1. 出场状态

肉鸽在屠宰后，具有一定的肉温，柔软且具有一定的弹性，也被称为热鲜肉。经过一段时间后肉体变得僵硬，肉的伸展性几乎消失，也就是死后僵直，僵直肉既硬又干，不适合加工食用。继续贮藏，僵直情况会有所缓解，肉通常会变得柔软，保水性得到提高，风味也会变得更好，这个过程被称为解僵或成熟。通常，成熟后的肉方可被食用，因此，在肉屠宰后需要控制尸僵、促进成熟。

2. 温度

肉受温度的影响最为明显，根据贮藏的温度不同，被分为冷冻肉、冰鲜肉和生鲜肉3种类型，冷冻肉就是经过屠宰后的鸽肉快速降温使其冻结，然后置于-18℃条件下储存，冰鲜肉是把屠宰后的鸽通过冰水冷却、风冷等方式降至0～4℃，后续保持该温度的温控条件，而生鲜肉顾名思义就是不经过低温储存的鸽肉。在肉的营养、口感、保质期和安全性方面具有一定的差异。由于冷冻过程中导致细胞体积膨胀和组织结构被破坏，化冻过程造成细胞破损，使肉质表面干燥，肉纤维变粗，肉色变暗，脂肪组织被氧化，因此口感和营养较生鲜和冰鲜肉略差。然而由于生鲜肉对原料控制不够严格，且常温状态下细菌繁殖活跃，具有一定的安全隐患，相比较而言，冰鲜肉和冷冻肉在安全、卫生方面更有保障。

（二）肉鸽产品与人类健康的关系研究

鸽肉性平，有调精益气和治疮解毒的功效；久患病虚弱者，食之有益；有滋肾益阴之功效；能治妇女干血痨，月经闭止；常吃会使人精力旺盛，容光焕发，皮肤艳丽。此外，乳鸽骨骼细软清香，含有其他禽类未发现的软骨素，是增强人体结缔组织动力的物质，且有提高人体细胞活力的功能，该软骨素可同鹿茸中含的软骨素媲美，故食鸽时应连骨慢慢嚼吸，乳鸽骨质细软，慢慢吃之对身体有益。

食物营养与健康已成为全球关注的热点。肉鸽作为我国传统保健食物，其产品中含有大量营养性和生物活性物质，挖掘功能性因子，研究其对人体器官组织和生理功能的影响，研究畜产品摄食的生理调节作用，研究相关因子的消化、吸收及代谢调控机制，旨在深入探究肉鸽与人类生理健康密切相关的理论基础，为进一步开发肉鸽保健产品提供理论和技术支撑。

现有食物保健功能评价体系不能充分体现保健功能的作用特征、量效关系、作用机制，亟待提出适宜于评价肉鸽保健食品保健功能作用的评价技术和技术规范，从根本上规范肉鸽食品产业的健康、有序发展。

1. 功能性成分挖掘

由于鸽产品具有特殊营养和生理功能，而鸽蛋白、脂肪、维生素和微量元素与其他家禽产品并无显著差异，因此，传统的营养学理论不能很好地解释这种特殊的功能。随着高通量精密仪器的快速发展，及食品多组学分析方法的应用，使得对鸽肉和鸽蛋功能性成分的挖掘成为可能。围绕活性肽、多糖、有机微量元素和有机复合物等对鸽产品进行活性物质分析，将很好地解释肉鸽保健性生理功能。

2. 生理功能验证

鸽肉和鸽蛋的生理功能除由常规营养元素体现外，更多的是由特定生物活性的成分所起作用，这些生物活性物质的含量、消化吸收过程、生理功效必须要通过相关的动物或者人体试验等相关手段来进行单独验证，从而判断该成分是否是必需的，是否对于某项生理功能的发挥有显著影响。

制定营养保健功能食物的相关动物模型制备规范，建立功能性成分动物模型评价新方法，基于该动物模型平台，可以开展营养活性成分的生理功能评价与验证。

举例而言，应合理利用《保健品检验与评价规范》《保健食品检验与评价技术规范》等国家相关技术规范，结合现代科学技术手段，提出新的保健食品免疫功能评价模式，以中医体质辨识的理论为基础，根据特殊人群体质特征构建合适的动物证候模型，结合传统的动物模型，采用现代技术手段，分别构成免疫系统的免疫器官、免疫细胞及免疫活性物质，评价肉鸽保健食品的增强免疫力功能。

3. 机理研究

目前我国的功能性食品原料主要来源于中草药材、食品原料、部分天然产物和动植物提取物3个方面，相关研究的开展，可以确保保健食品原料的质量、功能及安全，对于完善药食同源目录，完善中药保健食品功能目录具有重要意义。基于数据挖掘、功能研究、人体试食等，用于辅助相关病症康复的特殊中药产品。基于相关功能及功能评价新方法，建立产品功效研究、安全性评价、新产品研发评价体系和研发平台。

（三）鸽业不同区域生产技术标准研究

针对京津冀、长三角、粤港澳、西北、西南、华中等不同肉鸽生产消费区域，分别开发肉用和蛋用鸽品种和产品，结合不同区域肉鸽产品主销形态，研究不同出栏日龄（18~21天、21~25天、25~30天、30天以上）肉质特点，制定适合该区域出栏日龄的肉鸽屠宰、加工和食用技术标准。

（四）新技术在肉鸽产品加工过程中的应用研究

1. 物联网技术

研究动物源食品中的化学残留、致病或腐败微生物等生物传感器快速检测及污染表征确认技术；研究动物源食品全程冷链物流安全控制技术，如微生物预报技术；研究裂解气相色谱质谱在线检测致病或腐败微生物技术；研究动物源食品产业链质量安全控制全程跟踪与追溯（"物联网"）关键技术，建立从农田到餐桌射频识别

（RFID）跟踪与溯源系统，实现动物饲养、卫生防疫、收购、屠宰、加工、存储、运输和销售过程中的信息化。

2. 生物工程技术

针对肉鸽产品不同品类特点，结合市场不同需求，研究通过分子生物学和传统手段相结合改良肉鸽产品品质功能技术，研究生物防腐和保鲜技术，研究畜禽加工制品品质和功能改善的酶工程技术，开发新型或功能性鸽产品。

3. 人工智能技术

研究肉鸽产品加工过程中智能化分级、在线检测、无损检测等信息化技术，开发相关软件与设备；研究非热加工技术，如超高压、辐射、脉冲光、高压静电场、等离子体、超声波等在加工中的应用和效果；研究鸽肉加工过程中的节能、环保、低碳新技术，如真空冷却技术、静电场辅助解冻技术、高效干燥技术等；研究功能性成分无损、高效提取技术。

（五）肉鸽副产品综合开发利用

养鸽场的副产品很多，主要有鸽粪、羽毛、鸽血、鸽的内脏等，可以充分利用。鸽粪：鸽粪可入药，将新鲜鸽粪放入瓦煲中炒干，加入水后即过滤出鸽粪水，对治疗妇女产后风有一定疗效。鸽粪含有效磷酸2.12%，可溶性磷酸钾0.18%，总磷酸3.2%，氮3.04%，水溶性碳酸钾1.53%。鸽粪目前作为蔬菜、水果的有机肥料，每40kg可卖10元左右，价值不高。用100kg鸽粪加40kg过磷酸钙，加100kg硫酸铵，加75kg氯化钾，堆场干燥，混合成复合肥，其特点含有机肥，肥效持久，不易使土壤酸化、结块。羽毛：鸽子屠宰后的羽毛占2%，羽毛主要三大类，翼羽、体羽、尾羽，可加工成羽毛蛋白粉，目前尚未综合利用，仅作为农家肥料使用，种水果效果甚佳。炙鸽血：目前是全部流失，鸽血有滋补保健价值。据说可提取鸽血中的氨基酸。鸽心、肌胃等已加工成腊鸽心、腊鸽肫，市场销售效果好。

第五节 设施设备和环境控制科技需求与发展

我国肉鸽养殖受环境、气温等的影响，饲养区域主要集中在广东、海南、江浙和河南等地，广东省肉鸽养殖以增城为中心向广州、深圳、惠州和江门等地区辐射，肉鸽养殖设施设备的发展伴随着肉鸽规模化养殖而发展。

进入20世纪80年代,国内相关研究部门及养殖企业开始引进肉鸽机械化笼养设备和相关配套技术,到了20世纪90年代初,规模化笼养肉鸽模式得到迅速推广。目前,肉鸽养殖环境调控技术以及相关设备研究应用虽然取得一定进展,但国内对肉鸽全自动化养殖设备和相关环境调控技术仍存在一定问题。

一、肉鸽养殖设施设备现状与问题

肉鸽机械化养殖起步较晚,且与蛋鸡相比较为落后,我国部分规模化鸽场对机械化和全自动化养殖进行了大量尝试与应用,主要是配套了饲喂设备、环境调控设备、饲喂机、吊杯一体化式饮水系统等。

(一)自动饲喂设备现状与问题

肉鸽养殖饲喂环节,传统人工投喂1 500对,每天要投料8 000~9 000次;而采用机械饲喂,每天只需向饲喂机添料4次,实现机械化作业,提高劳动生产率2 000倍。

国内现有的肉鸽饲喂设备主要为自动落料食槽饲喂和行走加料饲喂两种类型,这两种饲喂装置的共同特点是饲喂精细化水平低,饲料利用率不高,从而提高肉鸽饲养成本。以上两种类型的饲喂设备造成肉鸽饲喂方式为长时间供给饲料饲喂,由于肉鸽自身的习性,如果饲料长时间供给,肉鸽进食饲料时会产生挑食现象,然而原粮饲料大多由玉米、豌豆、高粱、小麦等经科学配比组成,如果肉鸽挑食,将严重影响肉鸽的产蛋率。除此之外,行走加料型饲喂装置在鸽舍消毒时无法避免饲料受到污染;自动落料食槽饲喂装置由于长时间在食槽内存储饲料,会造成饲料发霉的现象,而且当养殖规模达到一定程度时,依然无法解决大量耗费人工这一问题。这些现有饲喂装置的弊端都会影响肉鸽的生长发育,严重时甚至会导致肉鸽感染各种疾病,造成肉鸽养殖场大量的经济损失。

综上所述,现存的肉鸽饲喂设备的饲喂方式精准化、自动化水平低,多数肉鸽养殖场仍然采用人工或半自动饲喂方式。当养殖规模达到一定程度时,饲喂工作耗费大量的人力,并且由于人工饲喂方式随意性强,很难做到精细化饲喂,饲料浪费率过高;在劳动力不断紧张的社会形势之下,人工饲喂方式将严重阻碍肉鸽养殖产业的发展。

(二)环境调控设备现状与问题

当前肉鸽养殖环境调控设备总体机械化、自动化和智能化水平较低,主要采用水雾降尘和物理降尘技术设备、白炽灯补光技术设备、空气能热泵技术设备和送排风技术设备进行环境调控。

1. 环境调控技术装备应用少，配套水平低

部分肉鸽养殖户只使用了加温技术，以保证冬季肉鸽舍生产，但炎热的夏季养殖户采用自然通风方式，并没有相应的降温技术措施来保证生产。同时，有些养殖户使用了简单的白炽灯与自然光相结合的光照调控技术，光照不足时采用白炽灯进行补光，但光谱及舍温不能满足肉鸽生产要求。肉鸽养殖舍环境调控技术与装备应用少，有的鸽舍安装了加温装备，有的鸽舍配套了补光设备，有的鸽舍安装了加湿设备，总体来看，我国肉鸽养殖装备配套率较低，使用率也不高。

2. 环境调控方式单一，效果一般

有些肉鸽养殖户使用普通喷雾器加杀菌剂定期对空气中的有害细菌进行灭活，调控方式较为传统，施药器械"跑、冒、滴、漏"现象依旧严重，长期下去，容易使空气中的微生物产生耐药性。加温环节采用传统燃烧技术提供热量无法调控，供暖装备在燃烧过程中热量损耗大，也达不到很好的调控效果。

3. 环境调控方式粗放，自动化水平低

目前鸽舍主要采用燃煤、燃气、燃油、电及空气热能泵等供暖方式。养殖户多采用燃煤热风炉供暖，该技术装备操作简单、便于维护，养殖户更容易接受，但自动化水平低，需要饲养员定期巡查炉子的燃烧情况，并根据饲养员的经验来调控供热量。

（三）其他问题

1. 肉鸽养殖舍结构老化，保温性能差

肉鸽养殖舍多采用砖混结构或借用钢骨架大棚改造后用于肉鸽养殖舍，砖混结构养殖舍建设周期长、成本高、空间利用率低和需要经常维修维护，给养殖户带来不必要的麻烦。借用钢骨架大棚改造的鸽舍冬季保温和夏季隔热性能均较差。无论是砖混结构还是钢骨架大棚结构都不是专用养殖舍，设计不尽合理，因此造成饲喂设备、饮水系统、清粪设备和通风降温等设备不能实现合理的设计安装，既不能为肉鸽创造良好的养殖环境，又浪费了增温、降温的能源。

2. 肉鸽养殖技术装备落后，协同性低

清粪环节采用人工定期对粪板进行清理收集后，人工转运到堆粪场进行自然发酵处理，不能实现自动清粪。整个环节基本没有专用养殖机械装备参与其中，只在翻粪

环节用装载机对粪堆进行翻抛发酵，缺少相应的粪污收集处理机械化技术装备。尤其是中小规模养殖场为节约一次性机械装备投入，并不配套自动化饲喂机及清粪机械化装备，仍旧沿用传统养鸽方式进行生产，严重影响了肉鸽养殖产业机械化发展。

二、设施设备与环境控制技术需求

作为飞禽，鸽的生物习性与鸡差别较大，鸽养殖设备和环境控制应有其独特的设计理念和应用价值。因此，在全套自动化养殖设备的研发和应用过程中，需结合养鸽场的特点和鸽的天性，更多地站在饲养员的角度考虑问题，实现包括饮水、喂料和清粪系统在内的综合养殖自动化解决方案。

（一）转变环境调控方式，推动机械装备低碳绿色化发展

应对全球气候变暖，是人类社会发展面对的共同挑战。减少供暖产生的二氧化碳排放，降低"热岛"效应，是人类应对气候变化的重要措施。提高能源利用效率，增加低碳能源使用，推进生物质能、太阳能和风能等可再生能源的利用等，是肉鸽养殖舍供暖低碳绿色发展的重点。现行肉鸽养殖舍供暖方式带来的环境污染问题，也将养殖企业、养殖户和养殖合作社推到了空气污染的"风口浪尖"。

实现供暖低碳绿色发展，重点是降低污染物排放，以增加"蓝天白云"的天数。削减煤炭使用，降低供热产生的污染物排放，是肉鸽养殖舍环境调控技术装备低碳化发展的必由之路。

（二）应用物理调控方式，推动机械装备自动化发展

粉尘、硫化氢和氨气等有害气体对肉鸽及饲养员都存在一定的危害，粉尘是重要的气体污染源之一，羽尘是肉鸽养殖过程中主要空气污染因素，传统水雾降尘方式不能在冬季使用，但冬季又是降尘的最重要时期，因此采用传感器检测，控制系统管理，先进节能、节水和操作简便的除尘设备将是未来降尘技术设备的发展方向。

（三）优化肉鸽养殖舍结构，推动设施标准化低碳发展

针对肉鸽不同养殖方式设计与之相适应的鸽舍结构，提高容积率和利用率，优化鸽舍结构设计，实现通风、加温、加湿、补光等机械装备安装合理化和标准化。采用新材料、新工艺，减少原材料消耗，减轻结构质量，提高保温性能，减少增温、降温等能源消耗。

（四）加强先进技术装备配套，推动机械装备全面发展

据研究，与传统肉鸽养殖方式相比，全自动方式下平均每天每对种鸽节约饲料14g以上。以种鸽孵化、肉鸽养殖、成鸽屠宰加工和废弃物资源化处理等环节进行机械装备配套，实现机械装备配套一体化。

（五）融合机械电子技术，推动机械装备智能化发展

肉鸽舍的环境控制，采用PLC微电脑远程控制技术实现精细化的调控。利用LED节能光源进行人工补光，更应注重光照制度的研究、试验、示范和推广，以实现光照时间的智能化调控，既减少能源的使用又能够实现智能化控制，是未来的发展方向。

（六）联合研发新型技术装备，推动机械装备高质量发展

联合设计、制造和应用三方，促进标准化养殖环境控制体系建设。结合笼具、饮水系统、饲喂系统、清粪系统和粪污转运等机械装备实际应用情况，通过新材料和新技术研发，设计开发自动化程度高和操作简便的设施设备。组合人才、技术和资本等资源，针对制约肉鸽养殖业发展的高污染、高耗能和高耗水生产环节开展攻关，推动肉鸽养殖健康高效发展。

第七章　基于 SWOT 模型的肉鸽产业发展战略分析

SWOT分析法是进行产业发展战略分析的有效方法之一，通过对被分析对象的优势S（Strengths）、劣势W（Weaknesses）、机会O（Opportunities）和威胁T（Threats）等加以综合评估与分析得出结论。本部分根据肉鸽产业的优势、劣势、机会和威胁，构建了SWOT矩阵，并提出了相应的战略建议。

第一节　肉鸽产业发展的SWOT分析

一、肉鸽产业发展中的优势

（一）市场和区位优势

中国作为一个拥有13.95亿人口的大国，消费市场是巨大的。一方面，随着人口数量的不断增加，国内对肉鸽产品的需求量呈上升趋势，近年来，肉鸽市场需求量每年以10%~15%增长（梁雅妍等，2018）；另一方面，居民可支配收入持续快速上升，人口质量结构不断优化，受教育程度提高（周洁，2018），注意营养、追求健康的"高知"（指高收入、高学历）消费群体越来越大，肉鸽产品消费将逐步转向安全化、高端化和个性化，具有消费的引导作用。面对人们的需求，肉鸽养殖产业正存在一个巨大的缺口，具有巨大的发展潜力。

当前肉鸽销售形式主要以生鲜鸽肉为主，鸽肉不易保存，且对运输的条件要求较高。目前我国肉鸽养殖主要分布在广东、上海、广西、江西、河北、北京、新疆等省区市。我国肉鸽消费市场主要是北上广等城市以及新疆地区和港澳地区。这有利于养殖区的肉鸽产品以最快的速度运送到附近城市，不仅保证了产品的新鲜、卫生等品质，而且节省了流通时间和费用，所以国内肉鸽产业具有较好的市场和区位区域优势。

（二）肉鸽养殖绿色环保

与其他家禽养殖相比，肉鸽产品不仅干净、环保，同时也是有利于人体需要的肉类食品。由于肉鸽养殖采用全开放式鸽舍，粪便干燥无臭（陈益填，2015），并且养殖场基本没有废物、废水、废气产生（孔祥才，2017），所以肉鸽养殖是一项在畜禽养殖中对环境污染较小的养殖业。《畜牧规模养殖污染防治条例》《水污染防治行动计划》《中华人民共和国环境保护法》和《畜禽养殖污染防治管理方法》等一系列政策和法规的相继出台，为发展绿色环保的肉鸽养殖提供了更大的发展空间。

（三）经济效益高

与其他家禽相比，由于成本低、免疫力高、生产寿命长和生殖周期短等因素，肉鸽被视为理想的经济肉类。在饲料方面，相比其他畜禽的16：1，肉鸽饲料转化率高，饲料转化率仅为2：1，饲料用量少且报酬高；在疾病防治方面，肉鸽的抗病能力强，防寒、耐热等抗应激能力好。在肉鸽的生产过程中，较少使用药物和疫苗，是一种更加容易饲养的禽类；在副产品方面，除鸽肉和鸽蛋外，肉鸽的副产品如鸽肝、鸽心、鸽血、鸽骨等，同样具有较大的开发价值。总之，在家禽养殖种类中，肉鸽养殖经济效益较高。

二、肉鸽产业发展中的劣势

（一）受限于品种繁育

国内鸽种未受到应有重视。我国肉鸽遗传资源没有得到足够的保护、开发与利用。时至今日我国家禽遗传资源志上鸽品种3种，尚未有肉鸽新品种（配套系）育成（汤青萍等，2018）。此外，肉鸽品种（品系）名称杂乱，不少种鸽场实为养鸽场（谢鹏等，2015）。数据表明（中国禽业发展报告，2018），2018年国内肉鸽主要存栏鸽种中，国外引进品种占据主要部分。在存栏量方面，国外引进品种存栏总量约占总存栏量的77.4%。所以无论是存栏鸽种或是存栏数量，我国肉鸽行业都严重依赖国外鸽种，缺少对国内鸽种的培育。

选育技术落后。目前，我国肉鸽蛋用品种以及肉鸽羽色都没有专门化选育技术。鸽业种业领域，没有对种鸽的专业化方向进行区分和明确。这些问题最终导致中国肉鸽的品质良莠不齐，整体质量出现下降，价格也随之下降。

缺乏完善的鸽业良种繁育体系。由于没有良种繁育体系，造成后代适应性不断下降、生产性能大幅降低、抗病力明显下降，品种退化严重，繁育特征（特别是外观特征）不明确等问题。鸽种的养殖环境差异影响遗传性能的发挥，尽管亲鸽种质均佳，但由于后天生态条件发生变化，导致出现变异或者性状分离，表现出返祖现象及生产性能明显下降。

（二）缺乏肉鸽产业标准

尚未建立统一的繁育测定标准。目前，鸽的很多评价指标、名词术语都是套用传统家禽，大多参考农业行业标准《家禽生产性能名词术语和度量统计方法》（NY/T 823—2004）。国内在种鸽繁育测定方面还没有一套行业公认和行之有效的技术指标体系。

无饲料营养标准。目前肉鸽养殖饲料一般以原粮或全价饲料为主，饲料配制的营养水平较低，至今仍没有一个统一的饲料营养标准（陈国胜等，2015），这与肉鸽的发展和现代化饲料工业的发展极不相称，制约了肉鸽产业的发展。

无肉鸽养殖模式标准，肉鸽养殖通常为"2+2""2+3""2+4"模式及大空间笼养。但其中"2+2"为传统养殖模式，生产效率低下。"2+4"养殖模式应用效果良莠不齐，有的产量得以迅猛提升，有的则效果欠佳（王修启等，2008）。而"2+3"养殖模式能够有效地缩短产蛋间隔时间，提高亲鸽的有效利用率和生产效率，降低劳动成本，但是现在仍然没有一个统一的养殖标准。

缺乏肉鸽产品标准和质量管理制度。相比国外，我国对肉鸽产品的标准和质量管理几乎是个空白。在标准检索中，目前适用肉鸽行业的标准除了通用的国家、畜牧行业标准外，国家、地方和行业标准共16条（杨明旱等，2016）。关于养殖的标准有6项，涵盖种鸽饲养、肉鸽生产、屠宰防疫等方面。国内涉及鸽肉的标准只适用于无公害鲜、冻鸽肉，尚未有专门针对肉鸽产品的标准和质量规范、管理规定等。相关的标准不系统、不全面，而且缺乏关键技术的相关标准。

（三）肉鸽设施设备落后

当前，国外已经拥有了现代化的设施设备和加工技术。我国肉鸽机械化养殖起步较晚，且与蛋鸡相比较为落后，我国部分规模化鸽场对机械化和全自动养殖进行了大量尝试与应用，但在主要的自动喂料、自动清粪和自动饮水系统方面总体自动化和智能化水平仍较低，并且肉鸽养殖舍内环境调控技术装备以及养殖舍结构也都存在着明显不足（焦振军等，2018）。

（四）急需加强肉鸽产品营销

肉鸽产品营销推广工作不到位。根据对上海和深圳肉鸽产品的市场调研，销售鸽产品的零售终端非常有限，从沃尔玛和家乐福外资大型综合超市到社区超市和菜市场等，均没有鸽子及鸽蛋销售；肉鸽产品深加工水平低，市场营销还在初级阶段，大型肉鸽企业的门户网站（包括微信、微博、App客户端）中有关肉鸽营销信息偏少，肉鸽行业营销理念不够，战略品牌思维缺乏，远远滞后于农村商务和互联网营销发展的步伐。

肉鸽产业出口市场单一，严重依赖港澳地区。海关数据显示，2003年以后，"非典"疫情导致各国取消了对华鸽肉产品进口，各国华人纷纷开始自办鸽场，鸽肉自产自销，没有了从我国进口鸽肉的必要，因此近几年我国肉鸽产品所谓的出口数据，也只是销往中国港澳地区而已（梁雅妍和陈益填，2017）。国内市场尚未开拓，国外市场又有局限，这大大限制了肉鸽产业在量上的发展。

（五）产业化经营水平低

相比其他家禽，肉鸽产业化经营水平低。产业化经营基本特征是以市场为导向，以效益为中心，通过生产、加工、销售一体化的经营体制，实现肉鸽生产的集约化、规模化和商品化。目前肉鸽产业中小生产者与社会化大市场的矛盾，以及产品生产与产品加工、销售相脱节的矛盾都表现出来，成为制约我国肉鸽产业发展的主要因素。国内肉鸽经营有几种模式：第一种是"公司+基地"模式；第二种是"公司+基地+农户"模式；第三种是"农户+协会"模式，成立协会组织，建立品牌效应，对协会内的肉鸽养殖进行保护；第四种就是散养户模式。当前肉鸽养殖业规模化、集约化水平不高（曹永升，陈斯松，2015），缺乏区域性的联动，抗风险能力差，产业化经营水平低。由于缺乏产业化经营的龙头带动，产品未能联合进入市场，不能较好地抵御市场的波动。

三、肉鸽产业发展中的机会

（一）乡村振兴战略的实施

《乡村振兴战略规划（2018—2022年）》的实施为肉鸽产业的发展提供了巨大的发展空间。乡村产业发展情况报告中重点指出要持续做强现代种养业、实施质量兴农绿色兴农、优化产业空间布局、大力推进产业融合发展以及深入推进产业扶贫等9个方面工作。乡村振兴发展战略中提出要培育提升农业品牌、构建农业对外开放新格局、提升农业装备和信息化水平以及提升质量管理等政策。其中主要包括，形成以区域公用品牌、企业品牌、大宗农产品品牌、特色农产品品牌为核心的农业品牌格局。做好品牌宣传推介，加强品牌市场营销。加强与"一带一路"沿线国家合作，积极支持有条件的农业企业走出去。建立农业对外合作公共信息服务平台和信用评价体系。放宽农业外资准入条件，促进引资引技引智相结合。推进我国农机装备和农业机械化转型升级，加快畜禽水产养殖农机装备的生产研发、推广应用。加快完善农产品质量和食品安全标准、监管体系，加快建立农产品质量分级及产地准出、市场准入制度。

（二）精准扶贫部署肉鸽项目

国务院扶贫办声明要支持贫困地区特别是"三区三州"等深度贫困地区开发特色资源、发展特色产业。目前上海对口支援新疆工作前方指挥部自2016年就开始启动肉鸽援疆项目，支持喀什市六盘水磨鸽业有限公司引进上海优质种鸽建立"汇农"牌种鸽新疆繁育基地。2017年初，上海第9批援疆干部入疆前再度对上海种鸽场和养鸽企业进行全面调研，携手新疆国资企业——新疆国际经济合作（集团）有限责任公司，全面启动鸽业援疆项目，共同推进南疆肉鸽养殖民生工程项目。2018年，北京市农业产业化龙头企业野谷集团精准扶贫项目落户河北省阜平县，"中国阜平首家鸽产业富民示范项目"预计建设规模为50万对生态高效硒鸽基地，可向市场提供优质种鸽20万对，实现年销售收入1.805亿元，利润4 840万元。扶贫项目给肉鸽扩大养殖范围带来了机会。

（三）科研院所与产业联盟提供平台与强有力技术支撑

中国鸽业已经形成了以企业为科技创新主体，大学及科研单位为科技支撑，协会为技术服务，国家鸽业创新联盟为创新平台的科技发展框架。目前从事鸽业方面研究的有12所大学、20家科研单位，从事鸽业技术服务的有16家协会、61家企业。2017

年，国家鸽业科技创新联盟正式成立，联盟依托中国农业科学院北京畜牧兽医研究所和北京优帝鸽业，首批成员由23家科研院校、4家省级技术推广部门和58家企业共85家单位组成。科研院所与产业联盟推动了产、学、研、用深度融合，促进了肉鸽产品、标准、专利的大量产出及市场化，明显提升了我国鸽业科技支撑能力。

四、肉鸽产业发展中的威胁

（一）技术性贸易壁垒的影响

自参与国际市场竞争以来，我国家禽产品的出口一直受到技术性贸易壁垒的困扰。在2001年5月7日，美国食品安全和检验局（FSIS）发布了66 FR 22899，修订了《家禽产品检验条例》（381部分）和《自愿家禽检验条例》（第362部分），将肉鸽纳入了强制性家禽产品检验之列。所有肉鸽屠宰或加工都要按照《家禽产品检验法》21 U.S.C. 451，et seq.）（PPIA）的要求，接受美国联邦政府的质量安全检查。该项规定在2002年4月22日开始执行。对于国产肉鸽出口，一方面，确实是由于自身产品的质量问题；另一方面，更为重要的原因是技术性贸易壁垒限制中国家禽产品出口，贸易保护主义趋势越来越显著。

（二）疾病和市场风险的影响

高致病禽流感等各种疫病风险的全球流行，使得家禽养殖时刻处于未知的风险之中，并导致生产和价格的异常波动。在肉鸽疫病中，鸽瘟是鸽业的第一大杀手，是拉低近年鸽业产量的罪魁祸首。另外，经营风险等其他不确定因素皆对家禽产业的安全性造成影响。2003年以后，随着"非典"疫情在我国暴发，各国取消了对华鸽肉产品进口，各国华人纷纷开始自办鸽场，鸽肉自产自销，没有了从我国进口鸽肉的必要，因此近几年我国肉鸽产品仅是供应港澳地区（梁雅妍，陈益填，2017）。

（三）劳动力短缺及饲料成本升高的制约

肉鸽养殖业不如鸡、猪等畜禽行业热门，并且由于肉鸽粪便清理需要3~5天，劳动量大，导致从业人员较少且专业水平不高。

目前肉鸽养殖饲料有原粮、全价饲料、平衡颗粒饲料和"营养丸"饲料等，国内肉鸽养殖一般以原粮和全价饲料为主，传统养殖以原粮混合饲喂方式为主，其部分原粮如豌豆、绿豆、火麻仁、向日葵等杂粮因为有生产的区域性，产量不高，数量不多，不易储存，因而来源有限，价格较高，导致饲料成本升高。

第二节 发展肉鸽产业的策略

在新的发展阶段,肉鸽产业的发展不仅要利用外部机遇,也要克服肉鸽产业存在内部问题和外部约束,从而在竞争中为产业发展赢得主动权。根据以上对肉鸽产业自身的优势、劣势以及其来自外部的机会和威胁的分析,通过对SWOT因素的有效匹配,可以形成SO(抓住机会,发挥优势)战略、ST(加强优势,规避威胁)战略、WO(利用机会,克服劣势)战略和WT(克服劣势,规避威胁)四类发展战略,总共15条发展战略,如表7-1所示。

表7-1 肉鸽产业发展的SWOT矩阵

外部环境因素 内部条件因素	机会因素(O) ①乡村振兴战略的实施 ②精准扶贫部署肉鸽项目 ③科研院所与产业联盟提供平台与强有力的技术支撑	威胁因素(T) ①技术性贸易壁垒的影响 ②疾病和市场风险的影响 ③劳动力短缺及饲料成本升高的制约
优势因素(S) ①市场和区位优势 ②肉鸽养殖绿色环保 ③经济效益高	SO战略:(发挥优势,抓住机会) ①借乡村振兴战略契机,打造我国肉鸽特色农产品品牌 ②借助精准扶贫项目,建设肉鸽环保养殖区	ST战略:(发挥优势,规避威胁) ①建立疫病防治体系,降低行业风险 ②借助市场和区位优势,发展国内市场
劣势因素(W) ①受限于品种繁育 ②缺乏肉鸽产业标准 ③肉鸽设施设备落后 ④急需加强肉鸽产品营销 ⑤产业化经营水平低	WO对策:(抓住机会,改变劣势) ①借助科研院所与产业联盟契机,加强国内鸽种培育 ②借助科研院所与产业联盟平台,推进肉鸽产业技术、标准以及专利创新	WT对策:(克服劣势,规避威胁) ①制定产业标准,控制养殖成本 ②肉鸽产业营销推广,扩大肉鸽市场 ③政府大力扶持"龙头"企业和公司发展,规避市场风险

一、抓住机会,发挥优势(SO战略)

(一)借乡村振兴战略契机,打造我国肉鸽特色农产品品牌

加强肉鸽产业产品品牌建设,将我国肉鸽产品打造成国内特色农业产品。作为中国特色的肉鸽产品,出口世界各国。根据国外的需要,制定产品规格、质量标准、卫生要求,加工细则等。通过技术创新与技术集成,整合国内肉鸽产品的优势、特点,

打造名牌产品。利用乡村振兴发展战略中要实施农业品牌提升行动，实现产、供、销一条龙，科、工、贸一体化。使各厂家形成各自的产品特色，并通过产业化经营的方式扩大规模，创立自己的品牌。努力打造一批国际知名的肉鸽品牌。

（二）借助精准扶贫项目，建设肉鸽环保养殖区

肉鸽作为环保养殖家禽，可以广泛在农村等非禁区养殖。目前，国家及各省区市应出台政策，促进肉鸽专业化、规模化养殖。依靠精准扶贫肉鸽部署项目以及养殖肉鸽绿色环保的优势，扩大肉鸽养殖范围，由东向西、由南向北发展肉鸽养殖业。积极引导养殖户建设养殖场，做好养殖知识宣传，建设国内肉鸽环保养殖区。

二、抓住机会，改变劣势（WO战略）

（一）借助科研院所与产业联盟契机，加强国内鸽种培育

加强国内鸽种培育。充分发挥我国鸽种丰富的优势，自主培育出通过国家审定的肉鸽新品种。政府应出台肉鸽育种相关政策，加大育种资金投入，引入人才。在科研院所设立肉鸽研究中心，进行品种或品系的培育，引进新品种，并对原有的肉鸽品种进行大面积的改良。利用杂交、驯化留种继代繁殖，采用重组DNA等技术，培育具有适应性广、生长快、产蛋率高、肉质鲜美的肉鸽新品种以及配套杂交及配套生产技术、饲料、药物和疾病防治等研究。

（二）借助科研院所与产业联盟平台，推进肉鸽产业技术、标准以及专利创新

肉鸽产业的发展要借助科研院所与国家鸽业创新联盟为肉鸽产业提供的这一平台，发挥其在肉鸽产业技术、标准以及专利创新方面的优势，推动产业技术创新、加强设施设备建设、创新信息监测预警体系、提高综合信息服务水平、开设现代化肉鸽加工流水线、提高育种技术以及促进肉鸽养殖业专业化、标准化、规模化；制定肉鸽产业标准，建立屠宰加工技术标准、饲料营养标准、肉鸽质量标准以及屠宰加工技术等相关标准。加强物联网、计算机等在肉鸽养殖设施设备中的应用。政府应该积极保护、培养相关人才并对相关龙头企业与科研院校组成的产业创新联盟在科技项目和相关政策上给予专门的支持，对企业投在技术研发和设施设备方面的资金给予税收优惠，允许科研人员到企业兼职，为科研院校在企业建设研发基地、实习基地提供专项支持等。

三、发挥优势，规避威胁（ST战略）

（一）建立疫病防治体系，降低行业风险

当前肉鸽疾病主要以清洁、消毒、预防为主，可以通过肉鸽的声音、皮肤及其他外在非正常现象发现肉鸽疾病并及时治疗与防治。要充分利用当代科技，提高肉鸽养殖业信息化水平，建立疫病预测体系。通过传感器等设备监测养殖场肉鸽的声音以及其他信息，及时发现病情，做好预防措施。近年来，肉鸽细菌性疾病、寄生虫病时有发生，如鸽副伤寒、鸽大肠杆菌病、球虫病等（王益生，2017），肉鸽疫病发病率高、死亡率高。要加强高校，科研机构等研究力度，设立肉鸽疫病研究中心，并开设肉鸽疫病防治示范区，积极做好肉鸽疫病宣传，为养殖户做好知识普及，做好疫病治理措施。

（二）借助市场和区位优势，发展国内市场

近年来，人们对肉鸽产品认识逐渐加深，由于其高蛋白低脂肪等特点吸引了很多消费者。国内需求量每年以10%～15%增长，拥有一个庞大的消费市场。目前国内肉鸽市场主要分布于北京、上海、广州等大城市以及精准扶贫部署的新疆等地区，要借助这一市场和区位优势，利用其地理位置、信息发达等优势，发展国内市场。

四、克服劣势，规避威胁（WT战略）

（一）制定产业标准，控制养殖成本

制定产业标准和质量管理制度。要借鉴国家标准和GMP、GAP、HACCP、ISO等国际通行标准，高起点制定、修订团体标准和生产技术规程。制定畜禽品种、繁育技术、疾病防控、养殖规范及特色产品全产业链生产标准，全面推进"三品一标"认证和产地环境质量认证保护，建立品牌动态监管、原产地品种保护开发及地理标志保护制度，做到"有标可依"（中国畜牧业协会，2019）。设立饲料营养标准。科研机构可以对肉鸽日粮营养做相应研究，可考虑应用中草药作为饲料添加剂。通过产业标准的建立，控制肉鸽养殖成本。

（二）肉鸽产业营销推广，扩大肉鸽市场

消费者对肉鸽产品的认识还存在不足，政府和企业要分别从自身角度来加大产品宣传力度，提升肉鸽消费文化。可以借助现代新媒介，传播乡村生态农业理念，推广

肉鸽产品，搭建城乡沟通的信息桥梁。通过网店电商、体验店、社区直营等线上线下的方式，创新营销模式，畅通乡村产品渠道。同时企业自身也应当通过制作产品手册宣传肉鸽相关知识。

（三）政府大力扶持龙头企业和公司发展，规避市场风险

推进肉鸽业的标准化、产业化、规模化建设。政府应加大对龙头企业的政策和资金支持，龙头企业不仅是技术创新的主要载体，而且在带动养殖户增收，产业化经营水平提升方面具有引领作用。加大力度实施肉鸽产业建设，推进养殖场现代化，规模化。利用"龙头企业+农户"以及"协会+农户"模式，通过生产、加工、销售一体化的经营体制，提高肉鸽小型养殖户的抗风险能力，规避市场风险。减少"小户卖不出，公司不够卖"的现象。

第三节　总　结

目前，我国肉鸽养殖规模和养殖数量均居世界第一，21世纪肉鸽业正逐步实现规模化和产业化。市场、环保以及经济效益等方面的优势促进了国内肉鸽产业的快速发展，然而育种技术落后、产业标准不足以及劳动力短缺等因素都在不同程度上阻碍着国内肉鸽产业的健康发展。

随着扶贫政策对肉鸽养殖的推动，国内肉鸽行业也进入了一个新的发展阶段，既面临着新的发展机遇，也面临着很多挑战。如何在解决育种、疾病、标准等内部因素的同时，利用市场、政策等优势更好地提升我国肉鸽产业在国内禽业以及在国外市场的地位，是发展肉鸽产业的一个战略课题。

总体而言，国内肉鸽产业优势明显，外部发展机遇好。在SWOT战略组合选择上，既要重视SO战略和WO战略，也不能忽视ST战略和WT战略。要结合当前的优势和机会打造肉鸽特色农产品品牌，建设环保养殖区，扩大市场规模，加强鸽种培育，推进产业标准和技术创新，规避市场风险，从而更好地提升我国肉鸽产业在国内和国外市场的地位。

第八章　肉鸽产业发展趋势与建议

我国肉鸽产业起步相对较晚，从20世纪70年代的广东省兴起，随后逐渐扩展到全国各地，肉鸽养殖效益好，污染小，是适合我国广大农村发展的家禽养殖产业。随着人民群众对禽肉产品差异化需求的增长和消费能力的不断增强，我国肉鸽的消费量和养殖量呈现不断增长的态势，2018年，我国存栏种鸽4 145万对，出栏肉鸽6.43亿只，已经成为世界上最大的肉鸽饲养和消费国。但是从产业科研竞争力看，我国属于肉鸽生产大国，但不是肉鸽生产强国。

一、肉鸽产业发展趋势

（一）养殖方式从庭院饲养向规模化养殖转变

早期的肉鸽养殖设施设备相对简陋，通常依靠废弃的空闲房屋进行改建后开展肉鸽养殖，或者在小块空闲土地上搭建养殖大棚进行养殖，受限于这种以家庭农场为主的庭院养殖的方式，养殖规模一般在2 000～4 000只，通常配备1～2个劳动力。随着肉鸽消费市场的进一步成熟，养殖利润稳定而且较为可观，大量的资本进入到肉鸽产业，一些非农业类型的公司开始投资养鸽，这些公司的投入都是几千万元甚至上亿元，养殖规模通常也在10万对以上，有效地加快了肉鸽产业向规模化和产业化发展（陈益填，2012）。伴随着肉鸽养殖方式向规模化养殖转变，产业向着专业化分工的方向发展，逐步分化出育种、饲料生产、设施设备、屠宰加工等专业化程度高的企业和公司。

（二）品种从种质引进到自主培育转变

据统计，当今世界著名的肉用鸽品种约40多个，目前我国饲养的肉鸽品种主要有美国王鸽、法国落地鸽、蒙丹鸽、卡奴鸽、贺姆鸽等引进品种以及少量的塔里木鸽、石岐鸽、泰深自别鸽、良田鸽、昆明鸽等地方品种。在2011年出版的《中国畜禽遗传资源志·家禽志》中的189个家禽品种中，地方肉鸽品种仅有2个，为石岐鸽和塔里木鸽。我国从20世纪80年代起就从国外引进了美国王鸽和丹麦王鸽等优良鸽种，后续又陆续引种，但由于保种和育种意识薄弱，导致引进种质近亲繁殖，退化严重，陷入"引种—退化—再引种"的恶性循环中，使我国长期处于自主选育品种为零的困境。随着国家对肉鸽种质资源研究开发和品种选育工作的重视，以及我国肉鸽育种技术发展，更重要的是肉鸽生产企业和育种企业逐渐意识到肉鸽品种作为企业核心竞争力的重要性，开始自主和科研单位对接，组建核心育种群，对后裔的生产性能进行测定，初步构建了产学研有机结合体的肉鸽良种繁育体系，我国的肉鸽良种也逐步从单纯的种质引进向自主品种培育进行转变。

（三）肉鸽养殖逐步从人工养殖向机械化养殖转变

传统肉鸽养殖业属劳动密集型产业，采取人工饲喂的方式，通常1个人工投喂1 500对鸽子，每天要投料6 000次，加上换水、清粪等养殖环节，严重限制了肉鸽养殖的规模，增加了养殖过程中的人工成本，而且由于人员的频繁出入也会对肉鸽养殖生物安全造成一定的影响。归因于劳动力日益紧缺，生产成本不断上涨，肉鸽产品竞争力面临巨大挑战，一些设备研发企业看到商机，开始进入肉鸽养殖行业，研发了部分饲喂和环境控制设施设备，已经出现了肉鸽养殖机械化的雏形，肉鸽养殖也逐步从人工养殖向机械化养殖转变。

（四）养殖模式由简单养殖模式向多种养殖模式并存转变

传统肉鸽饲养模式采取1对种鸽孵化并喂养2只雏鸽的模式，肉鸽自然孵化、自然哺育，这种模式具有简单易操作，技术相对成熟的特点，但随着市场对肉鸽需求量的增加，这种传统养殖模式的弊端逐渐显现，生产成本过高、劳动力投入大、生产周期长等缺点影响了肉鸽产业的发展。部分养殖企业和科研工作者联合，创新了肉鸽养殖"2+3"生产模式、"2+4"生产模式、双母配对生产模式等，呈现简单养殖模式向多种养殖模式并存的转变。

二、发展建议

结合现代肉鸽产业的总体发展趋势，借鉴国外的成功发展经验，建议未来的肉鸽产业从产业体系、科研体系和协同创新三个方面切入，构建具有中国特色的肉鸽产业发展模式。

（一）构筑国家现代鸽业产业体系

根据我国肉鸽产业生产消费的特色性和地域性特征，构筑新型的产销体系、现代生产体系、标准体系。

1. 产销体系

运用"互联网+"，构筑肉鸽现代新型产销体系，聚焦肉鸽的主要产出，包括肉、蛋、落地粮和其他各类副产品，将传统与现代产销模式相融合，创新现有经营及品牌运营模式。在原有产销模式的基础上，发展养殖龙头企业、餐饮、电商等多元主体的新型产销体系。

2. 现代生产体系

构建肉鸽现代育种体系，针对肉鸽特有的种质特征，将传统育种和现代分子育种技术相结合，将地方特色品种和引进高产品种相配套，选育体重均匀度高、羽色整齐度高的特色、高产、优质的肉鸽及蛋鸽专门化新品种（配套系）。建立起国家级肉鸽资源基因库，包括活体保存基因库和低温生物技术保存基因库。制定统一的肉鸽种质资源描述规范和标准，对保存的种质进行系统测定与研究，包括品种驯化程度、选育现状、外貌特征、生理解剖特点、生产性能、繁殖特性、品质性状、生活力、适应性及遗传稳定性等，从常规手段到生化、细胞及分子水平对收集到的每个肉鸽种质资源开展分类评价和系统研究。建立以科研院所为核心，以龙头企业为基地，以高等院校为技术后盾，以中小企业和广大养殖户（家庭农场、专业合作社）为主力的既是多元化，又是一体化的产学研有机结合体的肉鸽良种繁育体系。

加大"2+3""2+4"等不同模式下对各营养元素需求的研究，改进现有的原粮、颗粒料加保健砂模式。国际上还没有制定和颁布肉用种鸽的饲养标准。目前应整合科研单位和生产企业的技术力量，尽快制定肉鸽各个阶段的饲养标准，以推进肉鸽养殖的规模化、标准化、产业化进程。研制出既满足肉鸽营养需要，又符合种鸽采食习惯的全价颗粒料。

改进不同地域的自动化、标准化工艺和设施设备的研究，推广节能、环保、生态的新型鸽舍，开展性别鉴定技术研究和推广，挖掘种鸽生产潜力，促进经济效益的提高。

开展蛋鸽双母配对生产模式的应用研究，完善品种培育、营养需要、设施设备、疫病防控等方面的生产工艺。通过相关配套技术的组合，制定和完善了商品蛋鸽的饲养管理规程及疫病免疫程序，最大限度地提高蛋鸽的各项生产性能，形成了可大规模推广和产业化开发的集成技术。

开展肉鸽沙门氏菌病的全国性净化工作，实施毛滴虫病的绿色防控技术研究，研发鸽新城疫病的专用疫苗，建立生物安全控制生产体系，促进肉鸽养殖行业健康发展，保障肉鸽产品质量安全。针对养鸽业危害比较严重的疫病开展技术攻关，如鸽I型副黏病毒病的疫苗研制及免疫程序制定；禽流感的防控；鸽圆环病毒的流行病学调查及净化；鸽副伤寒等细菌病的高效、安全防治药物；鸽毛滴虫的防治等。

研发屠宰工艺、加工工艺、产品深加工、保鲜技术、冷链运输技术，推广自动化屠宰设备和工艺的应用；完善肉鸽屠宰检疫制度和标准建设，建设国际水准的产品质量等级。建立肉鸽工程技术中心，培养专业人才队伍，实现肉鸽全程质量安全控制，加工工艺优化，肉鸽产品品质指标检测的自我提升，制定企业标准和规范。

3. 标准体系

建设"政府监管、行业指导、企业自律"机制，构建以国家、行业标准为统领，地方标准为依托，企业标准为基础，团体标准为补充的现代肉鸽质量标准管理体系，完善肉鸽ISO、HACCP、GAP等标准化生产与技术认证体系建设，加强肉鸽绿色、有机、地理标志产品认证，全面提升肉鸽产品质量与安全。推广示范肉鸽健康养殖工程，从肉鸽的品质提升、健康低碳养殖模式建立、肉鸽产业开发与推广等方面，全方位推动肉鸽企业转型升级，开创中国肉鸽发展的新篇章。充分挖掘企业的内在驱动力，开发肉鸽新品系、肉鸽新产品、功能性肉鸽产品等，拓展市场空间，满足消费需求。

（二）构筑国家现代鸽业科研体系

国家现代鸽业科研体系包括：全国综合科研平台、地方性科研平台和科研运行机制。

（1）建立全国综合科研平台。依托中国农业科学院北京畜牧兽医研究所、中国农业大学等国家级科研机构，建设全国综合科研平台，开展前瞻性基础研究，突破鸽业关键共性问题，实现全国鸽业引领性原创成果重大突破。坚持原始创新、集成创新和引进消化吸收再创新并举策略，建设鸽业产业共性、关键技术创新基地，从而推动产、学、研、用深度融合，促进肉鸽产品、标准、专利的大量产出及市场化，推动国家鸽业形成核心竞争力，支撑国家肉鸽产业在科技创新领域实现飞跃发展。

（2）建立地方性科研平台，针对各地方区域和产业特色，构建"地方政府+科研院所+技术推广机构+地方龙头企业"四位一体的产业科技研发推广机制，促进地方肉鸽产业高质量发展。以基础好、技术实力强的高等院校或科研院所为技术依托单位，加强肉鸽品种选育、孵化、营养标准、科学饲养、疫病防治等方面的科研工作。

（3）建立科研运行机制，在知识产权保护前提下，加大科研投入，促进成果转化，建立新型的科研成果应用转化模式。合理分配经费，保障科技人员权益，使科研工作可持续健康发展。组建国家肉鸽品质测定中心，开展不同品种（系）肉鸽生产性能测定和新品种培育。建立中国肉鸽产业技术培训学校，为企业培养专业人才队伍，实现肉鸽全程质量安全控制，加工工艺优化，肉鸽产品品质指标检测的自我提升，定期或不定期开展技术培训，组织企业参加科研项目和国际合作项目，协作开展科技攻关，制定企业标准和规范。

（三）建立协作分工机制

根据"国家鸽业科技创新联盟"和"中国畜牧业协会鸽业分会"各自的功能定位，建立合作与补充相结合的分工协作机制。"联盟"承担集合各方的科技力量，形成科技联合攻关，解决产业中存在的瓶颈问题。加强国际交流与合作，注重科技与产业的融合，通过产业提炼技术需求和科技问题，实现成果的就地转化和落地。"协会"承担生产主体的交流、培训和技术提升。开展行业数据统计、分析和发布，为行业主管提供信息服务。策划企业品牌形象推广活动，推动产业发展。

参考文献

卜柱，2015. 我国肉鸽产业发展现状及未来行情走势[J]. 中国禽业导刊（22）：24-27.
卜柱，厉宝林，赵振华，等，2010. 中国肉鸽主要品种资源与育种现状[J]. 中国畜牧（6）：116-119.
曹守玉，2000. 提高肉鸽养殖效益的综合措施[J]. 山东家禽（3）：27-28.
曹永长，陈靳松，2015. 肉鸽规模化养殖的现状及对策[J]. 广东畜牧兽医科技，40（1）：18-20.
常玲玲，汤青萍，王晴，等，2017. 欧洲肉鸽与其他畜禽肉品质及主要营养成分比较分析[J]. 食品安全质量检测学报，8（6）：2035-2040.
陈丹，谭会泽，魏师，等，2016. 不同料型日粮在肉鸽养殖中的应用进展[J]. 中国家禽，38（12）：40-43.
陈国胜，梁勇，刘延清，2016. 肉鸽营养需要与饲料配合技术研究进展[J]. 养禽与禽病防治（10）：2-5.
陈海光，曾晓房，陈复华，等，2018. 一种休闲酱卤鸽肉制品的研制与质量控制[A]//中国食品科学技术学会. 中国食品科学技术学会第十五届年会论文摘要集[C]：342-343.
陈继英，2003. 动物人参——乳鸽[J]. 中国保健营养（5）：49.
陈建真，宋玉良，吕圭源，2004. 复方乳鸽口服液制备工艺的研究[J]. 中国中医药科技，11（3）：160-161.
陈丽华，向洋，曹明菊，2007. 鸽肉制品的研究开发进展[J]. 肉类研究（8）：50-52.
陈明霞，2019. 肉鸽生长发育规律及其营养调控研究进展[J]. 家禽科学（8）：49-52.
陈雪瑞，刘雪，贾亚雄，等，2013. 基于SWOT模型的北京都市型禽业发展战略分析[J]. 北京农学院学报，28（4）：52-54.
陈益填，2005. 肉鸽透视[M]. 北京：中国农业出版社.
陈益填，2012. 我国肉鸽业养殖现状、投资效益及发展趋势分析[J]. 中国家禽，34（4）：8-11.
陈益填，2015. 我国肉鸽业养殖现状、投资分析、笼具改进及未来趋势[J]. 养禽与禽病防治（2）：10-13.
陈益填，2016. 国内外肉鸽产业发展新特点与新趋势[J]. 中国禽业导刊（24）：10-10.
邓蓉，2003. 中国肉禽产业发展研究[D]. 北京：中国农业科学院.
范垄基，穆月英，2014. 北方五省市蔬菜产业发展的SWOT分析——基于北京视角的比较[J]. 理论与当代（8）：23-24.
范青青，袁艳红，2018. 基于X12-ARIMA模型的猪肉价格波动规律研究[J]. 中国畜牧杂志，54

（6）：138-142.

方光新，张瑾，马生钢，2003. 发展肉鸽养殖业走规模化、产业化之路[J]. 新疆畜牧业（3）：8-8.

冯叔君，陈芳，2018. 我国猪肉价格趋势变动及其预测——基于Elman神经网络模型的分析[J]. 价格理论与实践（6）：90-93.

金耀忠等，2015. 肉鸽人工孵化联合"2+3"生产模式的比较试验[J]. 上海畜牧兽医通讯（6）：26-28.

高铁梅，2009. 计量经济分析方法与建模——EViews应用及实例（第二版）[M]. 北京：清华大学出版社.

耿静超，熊飞，陈益填，2016. 广东肉鸽产业发展SWOT分析及战略选择[J]. 中国禽业导刊，3（6）：28-30.

国家畜禽遗传资源委员会，2010. 中国畜禽遗传资源志——家禽志[M]. 北京：中国农业出版社.

韩占兵，张立恒，刘健，2017. 肉鸽养殖优势、风险分析与发展对策[J]. 黑龙江畜牧兽医（4）：46-48.

何艳丽，2012. 肉鸽高效养殖技术[M]. 北京：化学工业出版社.

和嘉荣，雷衡，苏华伟，等，2007. 不同季节与年龄对肉鸽繁殖性能的影响[J]. 中国家禽（24）：38-39.

和嘉荣，朱新培，雷衡，等，2006. 五个引进肉鸽品种的自然繁殖规律[J]. 中国家禽（14）：55-56.

胡文娥，陈益填，江玉云，2006. 鸽蛋人工孵化和仔鸽并窝的试验研究[J]. 佛山科学技术学院学报（自然科学版）（1）：68-70.

黄日达，2009. 肉鸽消费市场成熟值得养殖[J]. 农村新技术（23）：59-60.

黄文青，赵永聚，林艳华，等，2016. 不同月龄鸽肉氨基酸含量的分析比较[J]. 黑龙江畜牧兽医（23）：228-231.

家禽科学杂志社，2019. 常吃鸽肉益处多![J]. 家禽科学（1）：13.

姜金才，2014. 肉鸽高效养殖关键技术及常见误区纠错[M]. 北京：化学工业出版社.

孔祥才，2017. 畜禽养殖污染的经济分析及防控政策研究[D]. 长春：吉林农业大学.

来钧，2012. 鸽子的营养价值与饲养技术[J]. 现代农村科技（23）：45.

李秉龙，叶云，2016. 基于市场导向的肉羊产业链优化分析[J]. 现代畜牧兽医（9）：47-54.

李殿鑫，戴远威，苏新国，2015. 肉鸽加工现状及发展前景[J]. 肉类工业（3）：52-53.

李冬宝，2018. 河北双鸽：建立起从源头到餐桌的肉品安全屏障[J]. 北方牧业（2）：23.

李琳玉，2017. 基于HP和BP滤波的牛羊肉价格周期波动探析[J]. 黑龙江畜牧兽医（6）：10-15.

梁雅妍，陈益填，2017. 中国鸽肉产品出口面临的挑战与对策分析[J]. 养禽与禽病防治（4）：39-42.

梁雅妍，梁勇，陈益填，等，2018. 中国肉鸽行业现状及发展形势展望[J]. 南方农村，34（6）：30-32.

梁雅妍，阮国安，陈益填，等，2017. 2016年我国种鸽场生产形势调查及分析[J]. 广东饲料，26（8）：12-14.

刘春，辛翔飞，王济民，2019. 我国肉鸡价格波动趋势分析[J]. 中国家禽，41（20）：69-74.

刘敏，陈卫彬，宋迟，2017. 肉鸽标准化饲养"江苏模式"探索[J]. 养禽与禽病防治（4）：12-13.

刘淑新，2003. 怎样加工美味香鸽[J]. 北方牧业（24）：28.

刘亚钊，刘芳，2017. 我国生鲜乳价格波动规律研究——基于B-N数据分解的分析[J]. 中国畜牧杂志，53（4）：131-135.

龙菊，何映霞，叶静，等，2011. 鸽肉的营养成分分析及其评价[J]. 食品工业科技（12）：447-448.

罗千峰，张利庠，2018. 基于B-N分解法的我国生猪价格波动特征研究[J]. 农业技术经济（7）：93-106.

吕自治，2003. 猪肉的营养价值及其科学食用[J]. 肉类研究，17（2）：49-50.

麦地乃·阿不都克力木，2017. 维吾尔族养鸽习俗的文化内涵探究[J]. 和田师范专科学校学报，36（3），76-79.

潘明，刘果，侯若彤，等，2006. 高原鼢鼠肉营养成分分析及评价[J]. 四川动物，25（1）：150-152.

潘裕华，2012. 北京郊区肉鸽养殖业现状及发展前景[J]. 当代畜牧（4）：1-3.

钱爱萍，颜孙安，林香信，等，2010. 家禽肉中氨基酸组成及营养评价[J]. 中国农学通报，26（13）：94-97.

沙文锋，朱娟，陈启康，2001. 肉鸽养殖业存在的问题和发展对策[J]. 猪业观察（7）：56-57.

沈秀华，马林，2002. 抗氧化营养素与老年性痴呆[J]. 国外医学·卫生学分册，29（3）：132-134.

孙洪霞，2009. 肉鸽的亲子鉴定及性别与生产性能的相关分析[D]. 哈尔滨：东北农业大学.

孙亮，2012. 行业标准缺失阻碍肉鸽产业发展[J]. 农村·农业·农民（B版）（10）：44-45.

汤青萍，卜柱，穆春宇，等，2018. 肉鸽实用选育技术[J]. 中国家禽，40（4）：69-72.

汤青萍，卜柱，穆春宇，等，2018. 中国肉鸽养殖种质资源状况及介绍[J]. 中国畜禽种业（10）：156-168.

汤青萍，卜柱，宋迟，等，2018. 欧洲肉鸽不同品系生产性能测定[J]. 家畜生态学报，39（1）：73-76.

汤青萍，穆春宇，瞿坐富，等，2019. 不同三元组合肉鸽生产性能的比较[J]. 家禽科学（3）：14-18.

陶炜煜，2018. 近年来中国生猪价格周期性波动分析与展望[J]. 农业展望，14（11）：9-13.

田浩，卜柱，2019. 江苏特禽产业发展现状分析与对策研究[J]. 中国家禽，41（7）：73-76.

童灿浩，吴杰翰，曾晓房，等，2020. 冰鲜储藏对鸽子肉新鲜度与风味的影响[J]. 食品科技，45（1）：186-192.

童海兵，谢鹏，卜柱，等，2014. 肉鸽育种技术研究现状及发展思路[J]. 中国家禽，36（9）：2-5.

汪武静，王明利，石自忠，2016. 我国肉鸡市场价格波动周期分解及内在相关性分析[J]. 华中农业大学学报（社会科学版）（1）：22-29+128-129.

王翔，2014. 鸽肉营养而且保健[J]. 肉类工业（4）：26.

王修启，李世波，詹勋，等，2008. 全价颗粒料在肉鸽"2+4"生产模式中的应用[J]. 粮食与饲料工业（6）：40-41.

王益生，2017. 家庭肉鸽疫病防治综合措施[J]. 中国畜牧兽医文摘，33（1）：146.

王钰鑫，陈宇光，2018. 浅谈中草药在肉鸽养殖中的应用[J]. 湖南饲料（2）：18-21.

王增年，2014. 无公害肉鸽标准化生产[M]. 北京：中国农业出版社.

吴晓敏，2016. 江苏淮安市家禽屠宰现状与未来发展策略[J]. 中国禽业导刊（12）：48-49.

吴应建，2019. 肉鸽常见疾病防控措施[J]. 中国畜禽种业，15（1）：174.

武玉环，秦富，2017. 当前我国鸡蛋价格趋势的分析及预测[J]. 价格理论与实践（10）：108-111.

谢鹏，施则伟，付胜勇，等，2015. 不同配对方式下雌鸽繁殖期生殖相关激素水平的变化规律[J]. 中国家禽，37（10）：21-25.

谢鹏，汪沐，汤悦，等，2017. 苏北地区肉鸽产业现状、存在问题及发展对策[J]. 中国禽业导刊（20）：23-23.

熊家军，2014. 高效养肉鸽[M]. 北京：机械工业出版社.

闫振宇，孙养学，2018. 我国鸡蛋价格波动规律及影响因素分析[J]. 统计与决策，34（19）：150-154.

杨建国，陈庆汉，丁鼎立，2016. 肉鸽产品质量提升的方向与对策[J]. 中国禽业导刊（24）：16-17.

杨明军，卜柱，2016. 当前肉鸽业标准化现状与发展思路[J]. 中国禽业导刊（23）：24-25+27.

杨月欣，2004. 中国食物成分表2004第二期[M]. 北京：北京大学医学出版社.

尤娟，罗永康，张岩春，等. 2008. 驴肉主要营养成分及与其他畜禽肉的分析比较[J]. 肉类研究（7）：20-22.

余道伦，李伟，2013. 高档滋补品石斛肉鸽营养液软包装的研制[J]. 湖北民族学院学报（自然科学版），31（4）：404-406.

禹振军，熊波，高娇，等，2018. 北京市肉鸽养殖设施设备现状与发展浅议[J]. 农业机械（7）：106-108.

张牧，1985. 鸽子的饲养和食用[M]. 北京：科学普及出版社.

张志刚，2014. 肉鸽养殖的防疫措施[J]. 现代畜牧科技（2）：73-73.

赵一夫，秦富，2013. 我国鸡蛋价格变动特点及规律分析[J]. 农业技术经济（1）：4-10.

中国畜牧业协会，2019. 中国畜牧业协会扶贫工作总结[J]. 饲料与畜牧（1）：29-36.

中国畜牧业协会鸽业分会，2019. 中国肉鸽业仍属于朝阳产业——第三届中国肉鸽产业发展大会在广州召开[J]. 饲料与畜牧（1）：85-86.

钟锋，2017. 肉鸽养殖及疾病防治探析[J]. 养禽与禽病防治（4）：30-32.

周翠英，张洪路，2012. 3款新式肉鸽食品加工技术[J]. 农家参谋（2）：25.

周浩，2018. 人口结构转变对中国经济增长的影响研究[D]. 济南：山东大学.

周力，2008. 圣羽王鸽提纯复壮选育分析[D]. 杭州：浙江大学.

周彦刚，贾建萍，李朝东，2005. 乳鸽肽的研制[J]. 食品研究与开发，26（1）：89-91.

Aggrey S E，Cheng K M，1992 . Estimation of genetic parameters for body weight traits in squab pigeons[J/OL]. Genetics Selection Evolution，24（6）：553. doi：10. 1186/1297-9686-24-6-553.

Aliza G，2005. Field guide to meat：How to identify，select and prepare virtually every meat，poultry and game cut[M]. Quirk books：221-223.

Dalum Bent，Keld Laursen，Gert Villumsen，1998. Structural Change in OECD Export Specialization Patterns：de-specialization and stickiness[J]. International Review of Applied Economics，12（3）：423-443.

Goodwin D，1967. Pigeons and Doves of the World[R]. Britain Museum National History，London，United Kingdom：446.

Hsiung D T，N Simonds，Lowe J，2005. The food of China：A Journey for food lovers[M]. Murdoch books：125.

James R，Vineeth K T V，2013. Variation of amino acids in white and red meat of skipjack tuna（katsuwonus pelamis）caught from Arabian Sea[J]. Int J Innov Res Sci Eng Technol，2（7）：841-848.

Jane C，2005. Monuments to the birds：Dovecotes and pigeon eating in the land of fields[J]. Gastronomica，5（2）：50-59.

Laursen，K，1998. Revealed Comparative Advantage and the Alternatives as Measures of International Specialisation[R]. working paper，No. 98-30：24.

Laursen K，2015. Revealed comparative advantage and the alternatives asmeasures of international specialization[J]. Eurasia Bus Rev，5：99-115

Levi W，1972. Making pigeons pay[M]. Levi Publishing Company，Inc. Sumter，SC.

Qian A P, Yan S A, Lin X X, et al, 2010. The content of amino acid in the poultry meat and its nutritive evaluation [J]. Chin Agric Sci Bull, 26（13）：94-97.

Rahman M A, Khatun, 1999. Pigeon World[M]. Dhaka, Bangladesh.

Richard C, 2006. Pigeon fancier uses pigeon as their hobby and recreation[EB/OL]. http://www.rheage.com.au/news/epicure/pigeonfanciers/1153593241.html.